愚夫说史

说两汉品三国

罗学闰 著

哈尔滨出版社
HARBIN PUBLISHING HOUSE

图书在版编目（CIP）数据

说两汉品三国 / 罗学闰著. -- 哈尔滨 : 哈尔滨出版社, 2024.9
（愚夫说史）
ISBN 978-7-5484-7906-2

Ⅰ．①说… Ⅱ．①罗… Ⅲ．①中国历史－汉代－通俗读物②中国历史－三国时代－通俗读物 Ⅳ．① K234.09 ② K236.09

中国国家版本馆 CIP 数据核字（2024）第 093972 号

书　　名：	说两汉品三国
	SHUO LIANGHAN PIN SANGUO

作　　者：罗学闰　著
责任编辑：李维娜
特约编辑：翟玉梅
装帧设计：刘昌凤

出版发行：哈尔滨出版社（Harbin Publishing House）
社　　址：哈尔滨市香坊区泰山路 82-9 号　　邮编：150090
经　　销：全国新华书店
印　　刷：廊坊市印艺阁数字科技有限公司
网　　址：www.hrbcbs.com
E-mail：hrbcbs@yeah.net
编辑版权热线：（0451）87900271　87900272
销售热线：（0451）87900202　87900203

开　本：660mm×960mm　1/16　印张：12　字数：170 千字
版　次：2024 年 9 月第 1 版
印　次：2024 年 9 月第 1 次印刷
书　号：ISBN 978-7-5484-7906-2
定　价：88.00 元

凡购本社图书发现印装错误，请与本社印制部联系调换。
服务热线：（0451）87900279

序

01

　　学闰兄《愚夫说史：说两汉品三国》要出版了，嘱我作序。本来我一无资历、二无名气，作序确实有点儿勉为其难。但因为他的"愚夫说史"系列纸媒主要在《达州晚报》副刊上发表，网媒主要在《三汇文学》上发表，又加之主要是我过目编辑的，写点儿所感所思倒也不在话下。

　　学闰兄是渠县公认的才子，县内公文写作的"第一笔杆子"，做"刀笔吏"40年，确实功力深厚，并非浪得虚名。从这部《愚夫说史：说两汉品三国》也能窥知一二。

　　学闰兄自称以"治史"著称，作文乃其业余，乃"茶余饭后"消遣所为。然而就这随机消遣，却也颇见能量，更是难得持之以恒。

　　了解学闰兄的人，大致知道读书是他的爱好——深入骨髓的爱好。忙时偷闲读书，闲时大段时间读书；醉酒前读书，酒醒后依然读书；寂寥时读书，浮躁时亦读书；朗月星稀时读书，雨打芭蕉时读书；燥热时读书，寒冷时围炉依然在读书。有时半夜三更醒来，朋友圈是他读书的记录与感悟。私下里时常感叹："罗兄真是书痴啊！"

　　一般来说，读书痴迷者，往往学究气十足，很迂腐，谓之"书虫"。

然而他却是豪气洒脱之人，进得去出得来，时常言语诙谐幽默，让人忍俊不禁。跟他交往，更觉他才华横溢，充满人间真性情，至爽。而且他也是热情仗义爱帮助别人的人，因此人缘也很好。很多时候朋友们相聚，总能感觉他的善良与善意。

这样的感觉真的挺好。

02

或许因为这些个性，他的文章也充满纵横捭阖的智慧、挥洒自如的特质。

我们知道，以谈史为核心的历史随笔，其实是很难写的，稍不注意就会掉进枯燥的故纸堆里去。翻译历史与复述历史，当然不是历史随笔应有的风格，然而很多人却不可救药地陷进去拔不出来。罔顾史实信口开河固然畅快，但也不是历史随笔应有的状态。

所以，真正的历史随笔，既要以史实为基础，又要有今人的思辨，做到既不违背历史真实，又能让思维纵横驰骋，那才是真正的上乘之作。

《愚夫说史：说两汉品三国》从写作缘起上，本来是从研究賨人文化开始的，后来逐渐深入，就写成一个又一个系列，最后成为一本独立的书，或者一个研究体系。或许，很多的写作都是这样，先撕开一角，最后进入了整个体系。比如《明朝那些事》《民国就这么生猛》等，大致都是这样出来的。

所以，一开始是广安政协、开州政协前来渠县考察賨人文化与两汉文化，学闰兄需要反复给大家介绍并揉入一些新的观察、发现与思考，后来觉得有必要发掘得更深一些，于是尝试拿起笔写作，结果一发而不可收拾。从两汉写到三国，从三国写到两晋……或许将来，还会延伸得更广。

03

　　学闰的文笔，宏阔与细致并举，聚焦与游移相济，粗犷与细腻杂糅，形成了非常独特的视角与风格，极具可读性与感染力。

　　我们发现他把笔触张得很开。先说宕渠与賨人的现实与历史，接着谈宕渠与三国的渊源及宕渠在三国历史上的重要地位，再写到罗贯中的生平，《三国演义》与《水浒传》作者的争议，然后写到杨慎的命运沉浮与名词《临江仙》的创作背景，以及长江和荆州作为"三国"的争夺核心，场景与人物一再转换。一般人，要么张不开，要么收不住，而学闰兄却收放自如，开篇就展示了他很强的文字驾驭能力。

　　从历史人物与事件，学闰兄的笔触一下转到了酒，介质是《临江仙》的"浊酒"转向渠县的哑酒，历史与现实立即水乳交融，变得很"接地气"了。如果仅仅如此，那就只是一篇俗不可耐的广告文字了。但他把曹操、刘备、屈原的精神气质跟酒融在一起，才构成了历史的宏阔画卷："杯中乾坤大，酒里日月长。"

　　学闰兄在写历史人物的丰功伟绩时，也顺带捎上了历史长河中的女人，无论是"大乔、小乔"还是貂蝉，以及曹操、刘备、孙权的几个夫人，他都把她们的禀赋气质、性格特点、功过是非描述得淋漓尽致。这无疑增强了文章的可读性与趣味性，带有"水煮"与"麻辣"的特性。

　　这里涉及政治、军事、政策、谋略、外交，也涉及家庭与情感，涉及大是大非，也涉及儿女情长；涉及国运、宗教、文艺，也涉及家族命运与个人命运的描写、思考与喟叹，甚至还涉及粮食、饥荒和瘟疫……

　　总之，它既是一部断代史，也是一部小百科；既有深度贯穿古今的思考，也有幽微的情趣探寻。

　　当然，他的文章中也引用了大量史料与资料，但这些资料一般经过了他的消化吸收，所以妙趣横生。更多时候，他只把资料作为一个点或一个茎干，把笔触延展开去，进入更深的背景或细节，使文字磅礴而丰润，思辨性极强。所以我给他文章的评价是：有种、有料、有趣、有益。

有种，是敢说，敢于提出自己的观点与主张；有料，指不是乱说，有考证有依据，旁征博引；有趣，是指深入浅出，诙谐幽默，很有融入感与代入感；有益，是指看后不只一笑而过，而是带给人更大的思考与启迪。

所以，我说学闰兄的文章可以跟余秋雨先生的文章有得一比，至少各有千秋。

04

我虽然并没有跟学闰兄细聊，但能清楚地感觉到这样的文章其实写起来很难。我从他文风的变化，各个篇章的流畅程度、粗细程度，大致上也能感受到这种律动。有时候，兴之所至，他一个晚上也能写几千字，有时候整个晚上也写不出几个字。写不出来的时候，他就强迫自己去看书，在阅读中寻找灵感与方向，再去组织文字。有时候甚至故意去喝点儿酒，乘着酒兴阅读、思考和写作。这样出来的文字，难免整体感不是那么和谐，有时候也难免有不连贯的地方，或有些粗糙。但总体上来说，整部书稿瑕不掩瑜，有强烈而独到的光芒。

由于学闰兄写的是专栏，每周是需要定期出稿的。因此有时候他也难免感觉到压力很大，甚至有时感觉心力憔悴。有朋友劝他，应该放弃这种写作，因为报纸专栏文章的快餐化倾向比较浓，无法确立自己在某些深耕领域的定位与地位。但是我劝他写下去。我说，一个作家贵在确立自己的写作 IP，既然你是以阅读历史与思考历史见长的作家，不妨确立自己在这个领域的独特 IP。

或许他早就明白了这个方向，或许真是听进了我的建议，反正学闰兄的"三国系列"写得更系统更丰满了。听《达州晚报》的主编说，学闰兄的"愚夫说史"专栏很快成了本报的"热门专栏"，还被评为"省优专栏"。学闰兄也乘势而进，又开始了"两晋风云说略"的写作。近期，听说他的"两晋风云说略"也已收笔。他的阅读已经快速地走过南北朝、隋唐五代，推进到大宋的历史了，其读史随笔也让我心生期待。

总的来说，学闰兄写的"愚夫说史"系列，从一开始的生涩到逐渐进入状态，再到后来的渐入佳境，是越来越有感觉，越来越娴熟了。虽然这些文章有精有粗，有些地方还欠雕琢与深化，但总的来说，这是一部值得一读的书。

愿学闰兄在以后的岁月中沿着历史的浩瀚烟海纵深开掘，能够捞出更多的岁月真金。困难与困惑肯定还是会有的，但收获与喜悦也是巨大的。

拉杂言之，聊为序。

（黄河，系四川省作家协会会员、渠县网络作家协会执行主席、世照网传媒股份有限公司CEO）

目录

第一编：怎一个"汉"字了得 /001

第二编：笑谈"三国"那些事儿 /041

第三编：附录 /124

后记 /179

第一编：怎一个『汉』字了得

目有"重瞳"者，中国史书上记载只有八个人，虞舜、仓颉、项羽、重耳、高洋、吕光、鱼俱罗，还有李煜。而这八个"重瞳者"，对中华文明的贡献最大的要算仓颉。传说，"仓颉造字"结束了人类"结绳记事"和"刻木记事"的历史，让人类文明进入了一个新的阶段。如果真有"仓颉造字"的史实，我想仓颉肯定没有想到，他所创造的一个普普通通的"汉"这个字会这么威武，不说与"开天辟地"相等，也几乎有"齐天之功"，让人喟叹不已。有史家说，仓颉先生"随手之作"衍生出"汉"的"八面威风"。对此，我深以为然。

一

汉族，是我国的人口"望族"。根据第七次全国人口普查结果，截至2020年11月1日零时，在全国人口中，汉族人口为128631万人，占91.11%。这个"汉族"的族名，不会早于西汉开国之初。"汉"原指天河、宇宙银河，《诗经》云："维天有汉"。汉族的形成是一个民族融合和扩张的过程，起源于中国北方的远古华夏部落。华夏族称为汉人，始于汉朝。孔颖达曾言："中国有礼义之大，故称夏；有服章之美，谓之华。华夏一也。"在他看来，到了夏代，也就基本形成了我们现在常说的华夏民族。

夏朝是中国历史上的第一个王朝。相传舜把天下禅让给禹，禹即位后，立国号为夏。禹死后，他的儿子启破坏了禅让制，自己当上了君主。从此，"禅让制"走到了尽头，"公天下"变成了"家天下"。

夏、商、周时期，天子只称王而不称帝，只有上天才称为帝（天帝或上帝）。至于黄帝、炎帝、颛顼帝，这样的称呼，不过是我们后人为了表述方便而形成的。创造"皇帝"这一称号的是秦始皇嬴政，他认为自己的功劳盖过了三皇五帝，必须要有一个与众不同的称谓，而且他还说自己是第一个皇帝，后世的我们也是听话，便把他称为"秦始皇"了。一个西僻小国而能横扫山东六国，灭了徒有虚名的东周，建立了天下一统的秦王朝，秦始皇可以算是"千古一帝"。但秦始皇"功比天高，命比纸薄"，最终死在东巡途中。赵高胁迫李斯，害死了公子扶苏、边将蒙恬，少子胡亥得以成为继位之君。父皇的治道之策，二世不继承，暴政却有过之而无不及。到天下苦秦久矣，农民起义的烽火敲响了秦王朝的丧钟。秦二世而亡的事实，让秦始皇传之万世的梦想成了水中月和镜中花。他还很霸道，废除自周穆王开始实行的"谥法"。他认为"谥法"是子议父、臣议君，是大逆不道的。因此，他不容许后人来评说，所以我们只有把那个胡亥称为"秦二世"。

汉字，是华夏民族与其他民族共同创造的文字，是记录汉语的书写符号系统，也是世界上现存最悠久、古老的文字之一。从文字的发展史判断，最早的文字是甲骨文，继而有金文、大篆小篆隶书、楷书。因此，文字的定型应该是在秦汉时期，最迟应在西汉前期，我们才把中国的文字称为"汉字"。

汉朝，是当时世界上最伟大、最特别的封建王朝。刘邦称帝以后，多承秦制的汉朝也重拾"谥法"，无奈秦始皇"焚书坑儒"，再加上西楚霸王项羽"火烧咸阳","谥法"也随之灰飞烟灭。于是,西汉群臣就以功高盖世之名,尊刘邦的"谥号"为"高"。未料想,这个"高字之谥",几乎成了封建王朝的铁律。一般而言,开国皇帝都称"高",也有极少例外。至汉景帝刘启时期,汉朝成为当时东方强国,与西罗马并称东西两大帝国。到汉武帝时期,则更加强盛。此时的匈奴被打得向西狼狈逃遁,西域各国也"吓得打哆嗦"。汉武帝派张骞出使西域,本义是宣扬汉朝威德,然而此行的贡献却远远超过于此。它不仅加强了中原地区的汉族人民与西域各族人民的联系,还首次开辟了经济文化交流通道——北方丝绸之路。之后,汉武帝还派唐蒙、司马相如两度开发"西南夷",开通了南方丝绸之路。可以说,正是"丝绸之路"的打通,使中国开始长期占据世界贸易中心的地位。

以"诛暴秦、伐无道"为旗帜而建立的汉王朝,虽然多有波折,却存续了400多年:西汉(前202年—8年)、东汉(25年—220年)、蜀汉(221年—263年),堪称中国历史上高寿者。正是因为汉朝的声威远播,外族开始称呼中国人为汉人,汉朝人也因汉人之称而扬扬得意。"汉",从此成为伟大的华夏民族永远的名字。

其间,有些事件也需要特别说明一下。吕后吕雉虽无皇帝之名,但也称"制",就像人们所说的"事实婚姻"一样,掌握着实际权力。名义上的汉惠帝刘盈,也因刘如意的"不如意"(被毒杀)、戚夫人(如意生母)的"人彘事件",被吓得不敢亲政。据说,刘邦死后,吕后对那些跟刘邦生了儿子的夫人还算不错,命这些夫人随儿子前往封国为"王太后",独独不放过戚夫人,是因为戚夫人的儿子刘如意"入了刘邦的法眼",几欲行"废立之事",让吕后感到势态严重,所以才"下此狠手"。王莽自称白帝之子,把"斩白蛇而起义"的刘邦所建立的汉朝拦腰斩断,他所建立的新朝,寿命跟秦朝差不多,在西汉与东汉之间打了个"间隔号"。这个"新朝",在王莽复古思潮的指引下,改地名、改官名、改体制,可以说是"怎一个乱字了得"。真正要了汉朝老命的是曹氏父子,曹操"名为汉相实为汉贼",曹丕逼迫汉献帝"禅位"。这也才点燃了刘备"兴复汉室、还于旧都"的政治理想,搅动起一片三国风云。此后,几乎再没有以"汉"为国号的朝代,即使有,王朝也不姓刘了。李特、李雄建立的成汉政权,皇帝李寿,曾经把国号由"成"改为"汉",但他显然已没有与刘备类似的政治理想了。当然,任何人也不能开历史的倒车。后期的刘渊、刘裕是例外。

汉文化,是中华文化的天然主体。虽然汉朝早已消失在历史的烟云里,但汉文化却成为中国文化的主流而薪火相传。世界"四大文明",其他文明都先后中断,只有中华文明还生生不息,耀眼于世界的东方,充分体现了汉文化超强的生命力和影响力。据悉,以"汉文化"为主题的历史文化名城为数不少,"汉中"作为汉的起源,秦惠王置汉中郡,史称"天汉"。长安和洛阳,曾是汉代的"东、西两京",自不待言。在四川,当前就有芦山、旺苍在创建"汉文化名城"。

作为"石质汉书"的汉阙,全国保存较为完好的仅有28尊,四川就有21尊。重庆直辖后,"分"走3尊。在四川渠县就有6处7尊汉家陵阙,合并成为"全国文物保护单位",渠县享有"中国汉阙之乡"的美誉。渠县汉阙所在地土溪镇的渠江东岸,还有著名的城坝遗址,"宕渠瓦当"的出土,铁板钉钉般确认了"宕渠城"的存在。而且,其丰富的考古发现几乎"亮瞎"了考古学家的双眼,不仅获得过"田野考古最高奖"(一等奖),还名列2018年"六大考古发现"的排行榜。这个发现,主要是在城坝遗址发现了"津关"。内河津关的发现,在全国尚属首次。

常璩《华阳国志》云,长老言,宕渠盖为故賨国,今有賨城、卢城(也有"寅城"之记录),本土文史专家也有"卢城就是罗城"之议(目前无考古佐证,系从"罗"姓乃賨人第一大姓推断)。"賨城"就是"城坝遗址",也是我们所说的"宕渠城"(考古发现"宕渠瓦当"

可证）。其筑城史应在先秦以远，其定名肯定在先秦时期。宕渠县的辖地，估计是"板楯蛮"聚居区。最迟在东汉许慎写《说文解字》前，"板楯蛮"改称"賨人"。东汉车骑将军冯绲（宕渠人）曾"增修此城"，故宕渠城又被称为"车骑城"。

二

历史就是这么巧合，西楚霸王项羽的"泄愤之封"，将刘邦封为汉中王，反而成就了他的西汉王朝。在中国历史上，王朝的名称大多是与他们所封诸侯王的名称息息相关，但也有例外。比如，南北朝时期的陈朝，朝代名称与皇帝姓氏是一致的。当然，结束了西晋"永嘉之乱"导致的乱世而实现大一统的隋朝，也跟杨坚的"随公"之封不太一致。这主要是因为"随"字有走之旁，含有"不安定"之意，为了吉利，统治者便改"随"为"隋"了。

说到项羽，我突然想起了清朝末年的一次科举考试。主考官颇具"世界眼光"，当时"策论"的题目是《项羽拿破仑论》。大家一看便知，这个论题是要把项羽和拿破仑进行比较分析。而那时深受闭关锁国之害的大清士子，有人将题目解释为："夫项羽力能拔山，岂一破轮而不能拿乎？"真是让人有些忍俊不禁啊！

有人一开笔便写道：其实，中国古代历史上爆发的很多农民起义，"首义者"往往都没有多大"搞头"。比如，在大泽乡揭竿而起的陈胜、吴广，前期虽然搞得轰轰烈烈，义旗一举，应者云集，但最终也因败亡而黯然谢世。当时，他们打出的口号是"大楚兴、陈胜王"，国号"张楚"，寓意"张大楚国"。这里跟"汉"没有扯上一点儿瓜葛。他们用兴复楚国来"报复"秦国，主要还是因为当年楚怀王访问秦国，被秦国"关了禁闭"，最后冤死在异国他乡。也源于这个"国仇"，楚国人喊出了最强悍的誓言——"楚虽三户，亡秦必楚"。项羽所在的"项氏反秦集团"是当时这个誓言最忠实的捍卫者。他们直接找了个人，立为"楚怀王"。注意，这里的怀王并不是把屈原"气得跳河"的那个楚怀王。不过，后来的历史走向也表明"兴复楚国"的愿景闪耀着"理想之光"。

相较于此，那个"辍耕之垄上"说"苟富贵勿相忘"的陈胜，揭竿而起时说"王侯将相宁有种乎"的陈胜，他的起义目的就简单多了，只是为了当上王侯将相。当时，因为"失期当斩"，众人恐慌。陈胜便站出来说："公等遇雨，皆已失期，失期当斩。藉弟令毋斩，而戍死者固十六七。"他还和吴广商量说："今亡亦死，举大计亦死，等死，死国可乎？"但后来有史学家考证，认为陈胜所说的"失期当斩"在繁苛的秦律中其实并不存在。这就类似于我们现在的合同规定，因不可抗力造成的违约可以免责。或许是陈胜文化程度太低，认识不到位；也或许是他带领的团队都是闾左（穷苦人家），都"好哄骗"。"失期当斩"的言论一下子就把这些戍卒吓得"没有了思想"，脑子一片空白，只得跟从他们起义。于是，"徒属皆曰：'敬受命。'"事实上，这也是一种盲从。陈胜、吴广占卜得知："足下事皆成，有功。"他们根据卜者"问之鬼神"的建议，耍起了小聪明，用"鱼腹锦书"和"野庙狐鸣"的伎俩来搞"政治宣传"。不过，当时秦朝暴政，严苛的法律和繁重的劳役已经是人神共愤了。这也是秦末农民起义的根底。正因为有这个根底，才会出现一呼百应，也才会有"山呼海啸"的起义浪潮。

说到占卜，它是我国古代通行的一种预测吉凶的方式，意指以小明大、以微见著，以微观与宏观的联系为原理，用龟壳、铜钱、竹签、纸牌或占星等手段，来推断未来的吉凶祸福，为咨客分析问题，指点迷津。我们从河南殷墟出土的甲骨文龟壳和兽骨看，占卜的内容涉及面十分广，几乎达到了"逢事必问"的地步。

再次说回"楚怀王"，从某种程度上说，他是刘邦的恩人。由于对骁勇善战的项羽十分畏惧，他在分兵灭秦的战前军事会议上，要了点儿"小心眼"。在兵力的分配上，虽然"善良仁厚"的刘邦分到的是兵微将寡，但在进军线路上却是近乎畅通无阻；"威重名响"的项羽分到的虽是兵多将强，但是在行军的道路上却有一只凶猛的"拦路虎"。这只"拦路虎"，就是文武双全的章邯组建的"黑衫军"，其中兵将全是被赦免的囚徒。

秦朝也信奉"五行终始说"，即认为朝代的更替就像五行更替一样。在五行学说中，金、木、水、火、土分别与白、青、黑、红、黄五色相配。因为周为"火德"，秦灭六国，其实就是灭周。秦始皇的"胃口"很大，一口就"吃掉"了春秋战国两个时代，给这两个时代"作伴"的是日益衰弱的东周。据说，春秋时，楚庄王北伐，陈兵于洛水，向周王朝炫耀武力。周定王派人慰劳楚师，楚庄王询问九鼎的大小和轻重。这个举动受到了诸侯国的普遍讥笑。可到后来，东周甚至反过来要朝拜诸侯，不知这些人心中又是啥滋味。

因为水能克火，秦朝就是宣布自己是"水德"。"水"对应的颜色是黑色，故而秦朝"尚黑"。衣服、裤子、帽子，甚至旗帜都是黑色的。这也是项羽进军路上的"拦路虎"被称为"黑衫军"的缘由。在此之前的商朝也"尚黑"，因为"天命玄鸟，降而生商"，"玄鸟"指的就是黑色的燕子，商王朝因崇拜祖先也就"尚黑"了。而灭了商王朝的周王朝，也不管什么"五行说"，直接就"尚白"了。那个曾经据蜀称帝的公孙述，也是"尚白"的典型，他自称"白帝"，他筑的城也称为"白帝城"。后来，刘备发兵东吴，为张飞报仇，哪知兵败如山倒，并后退至"白帝城"。刘邦嫌弃"白帝城"这个名字不安逸，便改称为"永安"了。这也就有了刘备临死前的"永安托孤"之事。

我们都知道，中国人把婚丧嫁娶称为红、白喜事，红喜事就用红色，白喜事就用白色。有些人不懂这种民族的颜色心理，或者是接受了西方的影响，以至如今"尚白"的西式婚礼也在社会上"大行其道"。

当然，这也是各人的"内政"，不需要外人去粗暴干涉。另外，中国是礼仪之邦，这里的"仪"指的是"仪式"。换句话说，中国人是十分看重"仪式"这个东西的。可是，现在很多人都在感叹生活已经没有仪式感了。参加过很多的婚礼和葬礼，在仪式感的驱使下，相应地，我也会萌发很多的感悟和联想。比如，而今在各地兴起的成年礼，就让我想起了古代的"弱冠礼"（男孩）和"及笄礼"（女孩）。这其中的"礼"，代表着他们在向世人宣称，作为成年人的责任。

楚怀王私心向刘，做出了一个"怀王之约"，即先入关中者为王。于是，刘邦捡了个大便宜，因为他行军路线几乎顺风顺水，先于项羽到达了关中。可是，兵精将广的项羽根本就"不依教"，设了鸿门宴，准备刺杀刘邦。项伯意外成了刘邦的"救命稻草"，他本是想救张良，但张良执意要救刘邦。毕竟，救主更为重要。于是，在项伯夜访张良时，项伯和刘邦会面，二人还"约为婚姻"。只不过，这个协议估计就是情急之下随口一说，也根本没有履约的记录。

《鸿门宴》出自《史记·项羽本纪》，是西汉史学家、文学家司马迁创作的一篇史传散文。全文以刘邦赴项营请罪为核心，以曹无伤告密、项羽决定进攻始，以项羽受璧、曹无伤被诛终，按项羽是否发动进攻、刘邦能否安然逃席两个问题逐层展开故事。情节跌宕起伏，形象生动鲜明，组织周密严谨，语言精练优美。有很多史学家分析《史记》中的《鸿门宴》，都十分佩服司马迁的现场还原能力。司马迁本是生活在汉武帝时代的人，"根本就不在现场"，但"项庄舞剑意在沛公"，范增举玦示意"杀掉沛公"，项伯舞剑"保护沛公"，张良见势不妙"请进樊哙"等诸多细节的描绘却是十分真实、生动，让人备感惊心动魄。

不过，我对樊哙的现场演说有点儿怀疑。他居然敢怒斥项羽："臣死且不避，卮酒安足辞！夫秦王有虎狼之心，杀人如不能举，刑人如恐不胜，天下皆叛之。怀王与诸将约曰：'先破秦入咸阳者王之。'

今沛公先破秦入咸阳，毫毛不敢有所近，封闭宫室，还军霸上，以待大王来。故遣将守关者，备他盗出入与非常也。劳苦而功高如此，未有封侯之赏，而听细说，欲诛有功之人，此亡秦之续耳。窃为大王不取也！"这一段说辞是不是颇具政治性和人情味呢？我怀疑，这是张良在背后教的。

鸿门宴没有杀死刘邦，他借口上厕所，落荒而逃。可这却气坏了范增，以至于对项羽有点儿"恨铁不成钢"的感觉。最"可惜"的是刘邦手下的左司马曹无伤，他与项羽私下"暗送秋波"，被刘邦得知，刘邦从鸿门宴上一回来便要了他的命。鸿门宴上，损失最大的当数项羽，不仅浪费了大量的酒肉，而且气坏了自己的谋臣，更为重要的是，为了"找回一点儿面子"，心怀"妇人之仁"，最终让刘邦逃走，可谓是放虎归山。后来，他连肠子都悔青了。

说起司马迁，当然离不开《史记》。鲁迅先生用"史家之绝唱、无韵之离骚"进行了高度的赞扬。在阅读这部伟大的作品时，我更佩服的是司马迁的人格魅力。他敢于为不得已投降匈奴的李陵将军辩护，却不小心触动了汉武帝的"龙鳞"。在汉武帝看来，为李陵辩护，就是没把贰师将军李广利放在眼里，就是在指责他重用无能的外戚，用人不当。因为李广利是外戚。李陵全家被诛杀后，司马迁因"沮贰师，为陵游说"，被判死刑。本来司马迁是有两条路可走的，一是用钱赎，免死；二是接受宫刑，免死。奈何司马迁家穷，就只能接受"宫刑"来保住性命了。由此看来，司马迁也真是冤枉。当时，一想起先父司马谈那未完成的事业和临终嘱托，司马迁毅然选择用宫刑代替死罪。从《报任安书》看，接受宫刑后，司马迁觉得生不如死，或许此时，能让他有勇气活下来的理由就只剩那部《史记》了。在《报任安书》里，他说："盖西伯拘而演《周易》；仲尼厄而作《春秋》；屈原放逐，乃赋《离骚》；左丘失明，厥有《国语》；孙子膑脚，《兵法》修列；不韦迁蜀，世传《吕览》；韩非因秦，《说难》《孤愤》；《诗》三百篇，大底圣贤发愤之所为作也。"写到这里，我不禁对汉武帝有些愤愤然，因外戚的"面子问题"就居然差点儿害死了一位伟大的史学家。我对忍辱负重、皓首穷经、历时多年编成《史记》的司马迁由衷地萌生出了景仰之情。

再说说秦"二世而亡"的原因吧，我们可以列举很多条，但如果要查找罪魁祸首，我会毫不迟疑地投赵高一票。秦始皇东巡而死，用鲍鱼掩盖尸体、秘不发丧的是他；矫诏赐死公子扶苏、大将蒙恬的是他；胁迫李斯又杀了李斯的是他；怂恿胡亥杀了自己的兄弟姐妹的还是他。有史家分析说，赵高这一系列的举动只有一个目的，那便是控制秦二世，然后取而代之。当楚汉相争"东方欲晓"的时候，当秦朝的政权已经摇摇欲坠的时候，赵高杀死了秦二世。后为掩人耳目，他才另立秦王子婴为帝。不过，之后的子婴也完成了一项"历史的使命"，那便是向刘邦举手投降。

公元前 208 年，李斯被定罪，诛灭三族，在咸阳街市被腰斩。李斯走出牢房，与他的次子一起被押往刑场，他回头说出了那首流传千古的"黄犬之叹"——"吾欲与若复牵黄犬，俱出上蔡东门逐狡兔，岂可得乎！"李斯死得冤，这是赵高"使的阴招"。不过，他如果看见自己一手扶植起来的秦朝"二世而亡"，不知道会不会"悔不当初"呢？李斯死了，但是他的英名还是流传了下来，他建议实行的"郡县制"通行后世。

三

刘邦进了咸阳城，秦王子婴向刘邦投降。这代表着秦王朝气数已尽，天命不存。当子婴还在感激刘邦的"不杀之恩"时，想不到项羽已经把屠刀高高举起。"泥腿子"刘邦刚进咸阳，就想享受帝王生活。这是他的本性，他早先就是一个胆大妄为的"小混混"。张良、樊哙等看到"大事不好"，苦口婆心地劝说。当然，最触动他敏感神经的还是项羽的楚军，遂不得不"还军霸上"。在等待项羽的日子里，刘邦也没闲着。他邀请了关中诸县的长老和原秦朝的地方官（没被杀完的），一起"酒桌议事"，用"约法三章"贴出安民告示。

与刘邦之举不同的是，项羽进了咸阳城，立即采取"恐怖政策"，大肆抢劫。可惜，范增没有萧何之明（不去收图籍簿册）。他们不仅坑杀秦军降卒，杀死了秦王子婴，还高唱"冬天里的一把火"——火烧咸阳城，大火三月不绝。接着，项羽"打个报告"向楚怀王"请示"：如何处理关中地区的善后事宜。楚怀王"批示"了两个字：如约，也就是刘邦为关中王。这就搞得项羽不高兴了。关中之地，原先也是"天府之国"也，"关中王"明显是个肥缺。这时的项羽认为，楚怀王已经没啥利用价值了。因为秦已经灭了，依楚反秦的旗帜可以倒下了。奈何，项羽是楚国贵族，讲究"面子上过得去"。于是，他还是尊楚怀王为义帝，并将其迁居到长沙。

不过，话又说回来，项羽本人其实并不想做什么"关中王"，他毅然决然地否决了诸多本地硕儒"称王关中"的建议，还说出了一句千古名言——"富贵不归故乡，如衣绣夜行"。于是，项羽自立为"西楚霸王"，建都彭城。有人说楚人"沐猴而冠"，项羽是不是有这样的心理呢？还有人说"沐猴而冠"的近义词是"衣冠禽兽"，古代仅指愚蠢无比，当代仅指形同禽兽。而在清代，衣冠禽兽却是指"当官的"。因为文臣的官服上都按品级印有不同的飞禽，武将的官服上也按不同的品级印有不同的走兽。当然，"衣锦还乡"逐渐演变成文臣武将的人生梦想，这或许也算是项羽的一份功劳。

刘邦早就成了项羽的眼中钉、肉中刺，当然没有好果子吃，被封为汉王，统辖汉中、巴蜀，建都南郑。可以说，项羽封刘邦为汉王是典型的"泄愤之作"，而刘邦对项羽的仇恨也"再升一级"。因为他们都不知道汉中战略位置之重要，而把它看成是人间地狱。至于关中地区，项羽则把秦朝的三个降将分封在这里：章邯为雍王，司马欣为塞王，董翳为翟王。项羽知道，秦人恨死这三个人，就让他"几爷子去弄吧"。因为关中地区是秦朝的核心区，关中又有了"三秦大地"的呼号。列土封疆的活动进行得很火热，封了一大串，想必也有争得面红耳赤的，也有因相互攀比而把好事变坏事的，这里不再细说。

"西楚霸王"给刘邦的"汉王之封"，加深了双方的敌意。势同水火的刘邦和项羽，成为"楚汉相争"这幕历史大剧的两个男主角。其他的王们，在"楚汉相争"的宏大主题下，要么各自守着"一亩三分地"，要么相互争抢，要么降楚，要么降汉，要么左右摇摆。那一个个投鞭断流、血流成河、哀鸿遍野的场面在这里就不细说了。总而言之，最终是刘邦把各个诸侯国尽收囊中，建立汉朝，史称"西汉"。

据说，汉高祖三年（前204年）八月，项羽和刘邦议和，约定以鸿沟为边界，中分天下，互不侵犯。这就是我们现在棋盘上"楚河汉界"的由来。虽然古人说"人无信不立"，但接下来的事件说明，敌我双方的协议都"不可相信"。相信的前提是"诚信"，刘邦和项羽之间有诚信吗？答案是肯定没有的。当年的金秋九月，项羽领军东归，刘邦也想引兵向西，这是双方的诚信之举。但在这时，谋臣张良、陈平劝刘邦抓住有利时机，不可养虎遗患！这也真是"一语点醒梦中人"，遂刘邦立即以"打败楚军将平分楚地，韩、彭各半"的诺言，联合韩信、彭越同时出兵，自己则亲率大军追击楚军，合力灭楚。最终，韩信用计将项羽困于垓下。从后来韩信、彭越的遭遇看，刘邦不仅没有履行诺言，而且两个都先后身首异处。

"垓下之围"烧灼了霸王的心，"四面楚歌"则唱散了楚军的心。据说，随着这首楚歌的唱响，"九月深秋兮四野飞霜，天高水涸兮寒雁悲凉。最苦戍边兮日夜彷徨，披坚执锐兮孤立沙冈。离家十年兮父母生别，妻子何堪兮独守空房。虽有良田兮孰与之守，邻家酒食兮孰与之尝。白发倚门兮望穿秋水，稚子忆念兮泪断肝肠"，项羽兵败如山倒，因无颜见江东父老，便独人独骑，自刎乌江。在流传甚广的《霸王别姬》中，我看到了作为末路英雄的项羽还是幸福的，至少还有虞姬对他情深义厚。虞姬自杀，红颜殒命，项羽才剑刎乌江。此时，我想起了李清照的《夏日绝句》："生当作人杰，死亦为鬼雄。至今思项羽，不肯过江东。"项羽不肯过江东，不单是无颜的问题，这其中还有不想苟且偷生的隐情。有人说，"俘虏是另类的英雄"。这让我陡然升起了对乱世英豪们的崇敬之情。在网络上，我也曾看到过网友写的一段"说项羽"的文字，觉得还有点儿意思，即"那一年，大泽乡陈胜揭竿而起，他率八千将士登上历史舞台；'楚虽三户，亡秦必楚'，他蓄势待发，剑指咸阳。那一年，项梁战死疆场，他孤身无靠，却更所向披靡，锐不可当。那一年，巨鹿绝境，他破釜沉舟，背水一战，'百二秦关终属楚'，功成封王。起兵八年，身七十余战未尝败绩；神勇无敌，长枪所向破尽八方阻挡。他是项羽，千古无双的'西楚霸王'。杀秦王、烧阿房、坑杀二十万秦卒，血色在他的梦里浸染；楚歌围，夜饮帐，爱妻和歌舞剑殇。功败垂成之际，乌江决战之时，他杀敌无数的宝剑最终刎上了自己的颈项。一世繁华，末路悲凉。时人皆道残暴多疑，后世多叹妇人之仁。只说项羽三年成王四年败亡，一生传奇一曲绝唱。是谓霸王，而非帝王。"

有人说，刘邦有点儿游手好闲，不学无术，轻慢儒生，甚至把儒生的帽子当尿壶。也有人说，项羽只是勇武过人，甚至是只知道"穷兵黩武"。看过刘邦的《大风歌》："大风起兮云飞扬，威加海内兮归故乡，安得猛士兮守四方！"这展现了一个成功得国者在华夏风云里深深的忧虑。再读读项羽的《垓下歌》："力拔山兮气盖世，时不利兮骓不逝。骓不逝兮可奈何，虞兮虞兮奈若何！"一个盖世英雄无可奈何的形象跃然纸上。我觉得，他们都是"不一般的诗人"。事实上，项羽是楚国贵族，其先人都是楚国名将，对比往往"轻慢书生"的刘邦，其重礼仪的性格特点还要鲜明得多。

如果我们要探究刘邦"轻儒"的思想根源，那或许是来自秦始皇的焚书坑儒吧。公元前213年，秦始皇下令"焚书坑儒"，刘邦时任"亭长"。"亭长"的职责是负责治安缉盗。当然，也负责在自己的辖区查收和上缴《诗》与《书》。"亭"虽然设在乡里，但是"条条管理单位"，不属于乡里"块块管理"。"亭长"的直接顶头上司是"县尉"。据说，刘邦曾遭遇实名举报（民举到县），但亭长仍当得稳稳当当，说明刘邦也算是一个干才，是一个秦朝政策的忠实执行者。故而，"恨诗书、轻儒生"的思想观念在刘邦那里是深入骨髓的。可从刘邦写就的《大风歌》来看，他的文化修养并不低。而亭长不是官，是吏。秦朝对官吏有严格的要求，当官也有严格的察举和征辟制度，尤其是对吏还有明确的"两个硬杠"：懂法和善书。"焚书坑儒"后，秦王朝在禁立私学的同时，又做出"以吏为师"的硬性规定。由是，再不喜学的刘邦也至少会"勉强而为之"，不然，做个吏也是不成的。

　　焚书坑儒是两个历史事件的合称，也发生在两个不同的年份。公元前213年，博士齐人淳于越反对当时实行的郡县制，要求根据古制，分封子弟。丞相李斯加以驳斥，并主张禁止百姓以古非今（周代是"后世典范"）、以私学诽谤朝政（春秋有"百家争鸣"）。秦始皇采纳李斯的建议，下令焚烧《秦记》以外的列国史记（让后世史学家们"伤透了脑筋"）；对私藏《诗》《书》限期交出烧毁；有敢谈论《诗》《书》的处死，以古非今的灭族；禁止私学，想学法令就以吏为师。从这里，我们可以明显看到秦朝法家治国的理念。

　　第二年，两个术士侯生和卢生，不仅说了秦始皇的坏话，即谤议始皇帝，还逃之夭夭了。这触发了秦始皇的雷霆之怒，他立即派员调查，经一番刑讯逼供，得犯禁者460余人，下令全部坑杀。有史书记载为"焚诗书，坑术士"。我认为，这是更合情理，也是更接近真相的。因此，坑杀的对象有"术"也有"士"，术即儒生，士乃方士。秦始皇希望长生不老，他身边的方士很多。徐福东渡杳无音讯，方士之说见效甚微，这让秦始皇郁闷至死。"坑术士"的第二年，秦始皇死在东巡的路上。此次东巡，也被称为"死亡之旅"。

四

项羽点起的咸阳大火，三月不绝。然而，秦汉相争的纷纷战火，却烧旺了"汉朝的天命"。彼时的项羽和刘邦已是一对死对头。西楚霸王在复封韩王成时提出了一个苛刻条件：必须从汉王刘邦手里召回张良。在刘邦率军郁闷西行的途中，张良辞别刘邦归韩。项羽之计，就是想砍掉刘邦一只手臂。张良走就走吧，还一把火烧毁了栈道，惹得汉王将士一片哭骂。其实，汉王将士根本不懂张良的良苦用心。烧毁栈道，既防止敌兵沿栈道进击刘邦，又示意诸侯刘邦无意东归，主要是麻痹项羽。项羽见此，放心地率军东去。

张良走了，有一天萧何（丞相）也找不到人影。在刘邦伤心的泪光里：萧何给刘邦带回了一个大将军（萧何月下追韩信，不是那个"韩王信"哦）。后来，就有了"明修栈道、暗度陈仓"的故事，再有了刘邦"平定三秦"（关中地区）的辉煌战绩：在不设防的三秦大地打了有生以来最痛快的一仗。

我们渠县人都知道賨人助刘兴汉的故事。公元前206年，刘邦受项羽之封，王汉中、兼有巴蜀。为反楚建汉的需要，又搞了一次"酒桌会议"征求意见。阆中人范目建言献策：征召賨人、组建劲旅、北定三秦。从善如流的刘邦，也素知賨人神勇，于是欣然同意，请范目利用他在賨人中的"声与威"，组建一支精锐的"賨人兵团"。

賨兵素有神兵之谓，在"北定三秦"的历史大剧中，前歌后舞又焕发出卓异风采。刘邦高兴地说：此"武王伐纣之舞"，令军士宫人学习，成为刘汉王朝热门的"广场舞"。我们巴文化专家们觉得巴人（賨人）"助武伐纣"找不到依据，总是到《尚书·牧誓》中去苦苦追寻。看完《尚书》全译本,我也没有找到任何的"蛛丝马迹"。我想,不如复杂问题简单化,就把"刘邦的赞赏之语"作为倒推的依据。因为刘邦所处的时代,离现在已经2000多年,而他离"武王伐纣"才不过1000多年。或许,刘邦的话是可信的。

三秦大地,乃是有名的八百里秦川,它与山东平原和成都平原,是唐朝以前的"三大粮仓"。"平定三秦",从经济实力上看,刘邦已经是"三分天下有其二",这是"楚汉相争"而刘邦能够完胜的关键因素。"北定三秦",是楚汉相争的首战,更是刘汉王朝的奠基礼。为此,刘邦也慷慨解囊:"建章乡侯、慈凫乡侯、渡沔县侯"三顶"侯封帽子"给了"賨人兵团"司令范目,"亡秦范三侯"的美名千古传扬。本来,刘邦还要继续北上,但是"賨人兵团"却"思南归"。刘邦见"賨人兵团"挽留不住,就把最优惠的政策赐予賨人族群,作为参战并取胜的永久回报。

对于范目的身份问题,是賨人,还是巴人?这一直是賨文化和巴文化学者争论不休的又一个焦点。阆中,曾经是巴国别都,说范目是巴人完全说得过去。但从史载"阆中有渝水,賨民多居水左右"来分析,说范目是賨人也有一定道理。从范目组建"賨人兵团"的迅速,或可把他认为是賨邑侯(首领)。我有一个观点:放弃巴賨之争,共建"巴文化高地"。东汉许慎《说文解字》说:"賨,南蛮赋也。"当代史学家任乃强先生也说:"巴人呼赋为賨,是为賨人。"任老先生的意思很明显:巴人就是賨人,賨人就是巴人。虽然我认为"巴賨异源",但也认可"巴賨合流",这是族群融合的必然趋势。至少在秦汉之际,巴人和賨人就已经完全融合,而统称巴人,还因为巴人有巴族人、巴国人、巴地人,所以把賨人称为巴人也没什么问题。

楚汉相争的结果,以刘邦称帝宣告结束。公元前202年,楚王韩信、梁王彭越、燕王臧荼、赵王张敖、长沙王吴芮联名上书,请刘邦即位称帝。刘邦先是假惺惺推辞,"三让"也是古代礼仪,属于孔子推崇的周礼，然后又顺水推舟当了皇帝。"劝进"，是古代文臣武将最乐意干的一件事，劝进成功就可以成为"开国大臣"。古有"天予不取，反受其咎"，今有"当断不断反受其乱"。于是，刘邦于定陶举行登基大典，定国号为"汉"，宣告了刘汉王朝的成立。后来，才迁都西安，并昭告天地。

为啥要告天又要告地呢？我们常说的天王老子（上有天王下有老子，合为天子），我们常说老子天下第一，"天下第一"的肯定是天子（皇帝）。所以，周武王（天子）要替天行道讨伐殷纣王。古语云：天者命也，地者运也（命运）。所以，朝代更迭就一定是前朝"失天命"而本朝"得天命"。我们常说"溥天之下，莫非王土；率土之滨，莫非王臣"，其实"天的命令"要靠土地及其附着物（人民）来执行（运作）。所以，皇帝的登基大典，一定要昭告天地。

值得注意的是，刘邦即位，成了陛下或皇上。其实，"陛下"这个词，起初并不指皇帝，而是宫殿台阶下的"卫士"，负责传话给皇帝，后来，才衍生出皇帝的"专用名词"。此外，这里还涉及阴阳学说。《周易》说，太极生两仪，两仪即阴阳。《太极图说》中说："太极动而生阳，动极而静，静而生阴，静极复动……"看过一些资料，我认为，阴阳学说有点儿放之四海而皆准的意味。我们常说，男人属阳女人属阴，皇天属阳后土属阴，日属阳月属阴，白天属阳夜晚属阴，等等。春秋及以前的战争都用"阳谋"，即没有隐藏，没有保密，一切都是透明的。那时的战争，对战双方都很讲礼节，一方布阵未完，另一方绝不出击。若一方"半渡击之"，则往往会为人所不齿。而战国及以后的战争则多采用"阴谋"。耍阴谋诡计，成了"制胜之道"。于是，就有了《兵法》。古语云"兵者，诡也"，《兵法》就是阴谋诡计的方法。当然，也就没有什么礼可讲了。他们讲的是战机，往往偷袭或者围猎，甚至要"半渡而击"。就是后来的《三十六计》，也都是"诡计的集成"。

但是，对于山水的方位阴阳，不是风水先生就不太熟悉。简单地说，就是"山南水北谓之阳，山北水南谓之阴"。所以，常璩的《华阳国志》可以判定为"华山之南"的地方志。唐代为了《华阳国志》，还在常璩的家乡设置了"华阳县"，所以，成都附近才有了"华阳镇"。翻阅此书，地域范围大概既是华山之南又是华夏之南。我们都知道"东青龙、西白虎、南朱雀、北玄武"这四个方位神，镇守南方的"朱雀"，有时又叫"火凤凰"（属阳）；镇守北方的"玄武"，其实就是"龟蛇同体"（阴冷），这也可以判定出《华阳国志》的地域方位。

有人或曰，渠县汉阙上雕刻的朱雀在上而玄武在下，好像它们镇守的方位是反的呀？！这个问题问得好。因为渠县汉阙全是墓阙，一般是双阙，是建在坟墓前的神道。何谓"神道"，就是阙主人由阳界进入阴间的道路，所以就会"阴阳换位"或者"颠倒黑（阴）白（阳）"。据说，在汉代尤其是东汉，墓前立阙最低是太守一级的官员，相当于现在的市委书记或市长。

或许囿于文史知识缺乏，我们曾经把"汉阙密布的地方"叫作"汉碑乡"，把那里的酒称为汉碑酒。这其实是一种误解。碑和阙的作用是完全不同的。碑用于镇压鬼邪，阙用于引导升天。好在这次乡镇区划调整，把汉阙密布的水口乡（有汉阙的村）和青神乡都划归土溪镇了。汉碑酒迁移到渠县省级经济技术开发区去了，还改了名称"汉杯酒"。

原先的青神乡有山名，谓"大青山"，又称"大神山"。据传，东汉车骑将军冯绲的家庙就在这座山上。有一次，我陪四川大学的周啸天教授去探访大神山，看见了相关的碑刻，也证实了这个说法。其门联，虽已倒地损毁，但有字云："江山如画，遥望蜀川八百里；风月无边，威镇渠州第一峰。"因为冯绲生前为著名战将，死后又屡被封神（土主），所以大神山之名比大青山之称更合情理。也因此，土溪镇和青神乡的合二为一，可以说是"懂历史讲科学"的。扯得有点儿远了，其实也是"故意而为之"，因为渠县的两汉文化，在全国也独树一帜。前有賨人（巴人）助刘兴汉，后有东汉巴西宕渠人的群星璀璨。

再继续说刘邦的故事吧。刘邦当了皇帝，当然也要论功行赏、列土封疆，他把萧何论功第一惹得群情激奋，尤其是"打打杀杀"（南征北战）的功将心中不服气（不安逸）。刘邦发表了著名的"功狗功人论"。他以狩猎来打比喻，众将如猎获有功的狗，只是命令的执行者，而萧何则如猎人，是猎获成功的指挥者。司马迁把这个著名的论断放在了《史记·萧相国世家》里："夫猎，追杀兽兔者狗也，而发踪指示兽处者人也。今诸君徒能得走兽耳，功狗也。至如萧何，发踪指示，功人也。"

刘邦留下的"名人名言"真是举不胜举，他灭秦灭楚而拥有天下，但他还是很谦虚。他说："夫运筹策帷帐之中，决胜于千里之外，吾不如子房。镇国家，抚百姓，给馈饷，不绝粮道，吾不如萧何。连百万之军，战必胜，攻必取，吾不如韩信。此三者，皆人杰也，吾能用之，此吾所以取天下也。"这也是"汉初三杰"的由来。这段话常被后人引用，说明制胜之道在于会用人才。汉朝建国以后的高中级官吏，主要源于军功升迁，除了张良、陈平、张苍、叔孙通、陆贾等关键少数外，绝大多数其实就是一介武夫，造成严重的"人岗不适"，这让刘邦明白了"马上得之勿能马上治之"的道理。把这些武将用优厚的待遇安抚后，他的目光聚焦在文臣身上。

五

汉十一年（前196年），刘邦下达了"全国求贤"的诏书，创造了"皇帝下诏求贤"制度。这个制度，终两汉之世都仍在通行。可惜，刘邦发出"求贤诏"的第二年（前195年）就驾鹤西去，没有看到两汉人才辈出、功业兴盛的繁荣景象。但他在世时，曾任命叔孙通百余名弟子为郎官，留下了大批任用知识分子的历史记录。正是由于西汉朝廷上下那些"在岗"和"新招"的知识分子（文臣集团），创造性地完善了西汉的政治、经济、社会制度，标志着封建国家就此走上正常的发展轨道。

比较著名的有两个人物。一是叔孙通"制礼作乐"。刘邦一统天下后，废除繁苛的秦朝仪法，但又厌于君臣礼节散漫，让他这个皇帝有些"找不到感觉"。叔孙通毛遂自荐，召儒生制定朝仪，他们采用古礼并参照秦的仪法而"制礼作乐"。汉七年（前200年），长乐宫成，诸侯王大臣都依朝仪行礼，次序井然。刘邦啧啧称赞，发出了"知为皇帝之贵也"的感慨，并产生了重用儒生的强烈愿望，也才有求贤诏书成为全国学习传达的"最高指示"。司马迁非常推崇叔孙通，尊其为"汉家儒宗"。二是陆贾"出版"《新语》。刘邦被陆贾题为"武将打天下、文官治天下"的一番宏论打动了，要求陆贾总结历史与现实成功失败的经验教训，提供给自己和臣僚们借鉴来安邦定国。陆贾被刘邦鼓舞而欣然执笔。据史料记载，陆贾每写完一篇，就专报刘邦御览。刘邦也不吃独食，让陆贾在群臣面前当廷宣读。结果是每一篇刘邦都"激情点赞"。陆贾写了十二篇，刘邦要求"结集出版"，并亲赐书名曰《新语》。《新语》的出版发行，在西汉朝野引起阅读热潮，被视为西汉君臣的"政治教科书"。

刘邦称帝，其父亲刘太公也有收获，被尊为"太上皇"（刘邦首创），还仿照家乡丰邑的样子为其筑城新丰县。但最有成就感的当数吕公，不仅说明他的相术高超，而且大女儿吕雉成为皇后，二女儿吕媭还得以封侯。更莫说刘邦"万岁"之后，吕后称"制"，大封诸吕，吕氏一族显耀朝野，成为西汉初期最威风的豪族，远非吕公能比，这都是吕公用刘邦当年"贺钱万"那张"空头支票"换来的。吕公的老婆都说把吕雉嫁给刘邦是极端错误，放着县令这个官不嫁，把他嫁给一个亭长（刘邦）。史书上说吕公善相面，知道刘邦"贵不可言"。有史学家分析，吕公会相面估计不假，但是吕公把大女儿吕雉嫁给刘邦（亭长）、二女儿吕媭嫁给樊哙，充分说明吕公嫁女的目的，还是为了家人的安全着想。那个"贵不可言"的相面说，是后世附会的。

还记得刘邦在氾水之阳登基吧，这就是吕公的老家，我猜也是"为吕公绷面子"。据说，当西汉王朝迁都长安（西安）后，吕后和太子常住西安（有萧何辅佐），刘备常住洛阳（有张良辅佐），形成了典型的"男主外女主内"的政权格局，当然也有并称的意味。

古人云："天下安、注意相，天下危、注意将"。吕后驾崩，周勃在夺得北军指挥权后，振臂一呼，拥刘者"袒左"，拥吕者"袒右"，结果"皆袒左"。这里要绕道说一会儿。按古礼，袒左是表忠心的礼仪，袒右是待罪的犯人，所以军士皆袒左。吕后称制后，承接秦制，恢复设立左右丞相，还一反"左尊右卑"的文化传统，坚持右大左小，这也反映了当时吕氏强于刘氏的社会现实。据《陈涉世家》记载，陈胜、吴广揭竿而起时"皆袒右"。这个情节或许大家没注意，为啥要"皆袒右"呢？因为失期当斩，这些戍卒自认为是"待罪之人"，所以才会"皆袒右"。

任何一个皇帝都和秦始皇一样，希望长生不老，百姓们也喜欢把皇帝们称为万岁爷。但除了传说中的彭祖活了八百岁外，史上没有一个皇帝能长命百岁。因此，"百岁以后"成为皇帝去世的代名词。西汉皇帝刘邦也估计不能当百岁老人，他在临终前也不能"不念过往、不畏将来"，而是心中"满怀忧虑"。刘邦的"白马之盟"表达的是良好的愿望，敲响的却是刘邦的丧钟。这份"权力协议"签订后不久，刘邦就永远地闭上了眼睛，"白马之盟"也成了刘邦最后的遗嘱。这份遗嘱的核心内容是"非刘氏而王，天下共击之"。这份遗嘱主要的目的是控制吕后，结果刘邦先吕后而死，导致遗嘱执行得"很不到位"，比如"大封诸吕"就是与遗嘱背道而驰的。

古代"歃血而盟"都是杀牛，这才有了"执牛耳"的说法。割牛耳歃血，主盟国执牛耳，到现在"执牛耳"也表示在某个行业或领域居于领袖地位。"歃血"并不是我们现在的"喝血酒"（多用鸡血），而是用食指蘸牛血涂抹在嘴唇上。而刘邦却是杀了白马，不知为何。据说唐太宗时代著名的"渭水之盟"也是杀的白马，"歃血而盟"杀牛的传统是什么时候消失的呢？史无可考。"喝血酒"杀鸡的做法又是什么时候兴起的呢？我也搞不清楚。但刘关张桃园结义曾经"喝血酒"，就表示异姓兄弟或异族兄弟从此有了"血缘关系"。

确实，刘邦的"白马之盟"还透出了深深的忧虑。在"楚汉相争"的腥风血雨里，刘邦高擎起"与诸王共天下"的大旗，鼓舞着一帮战将，还有那些背叛项羽的诸侯王，为他"拼了老命"。刘邦也还讲信用，将功绩最高的一群将领封为诸侯王（异姓诸侯王）。但异姓诸侯王却成为刘邦的一块心病，王朝建立后，这个心病越来越严重。于是，他就心狠手辣地翦除异姓诸侯和军功大臣。韩信、彭越、英布、韩王信、臧荼、卢绾等冤大头相继成为刘邦的"刀下鬼"。

从《汉书》看，最冤枉的是韩信，那个能忍受胯下之辱又能指挥千军万马的韩信。在其征服齐地后，他弄假成真地被封为齐王。因为他是"楚汉相争"最重要的砝码，跟"楚"则不会有"霸王自刎乌江"，与"汉"才会有刘邦的"登基大典"。鉴于此，才有韩信的"假王之请"变成了刘邦"齐王真封"。其实，刘邦也极不情愿，为了刘家的江山社稷，又不得不为此。但是，"垓下之战"的胜利的号角才刚刚吹响，刘邦立即改封其为楚王，让他离开自己的根据地，去当"光杆司令"。第二年，又设计将韩信掳至长安，降为淮阴侯，蜀地安置。这是啥意思呢？就是把韩信从王降为侯，安置在蜀地"监视居住"，无异于流放，就像明清时代被流放到宁古塔。我们都知道秦始皇处置仲父吕不韦，也是"蜀地安置"，吕不韦在入蜀途中饮鸩自杀。

六

我觉得，浩瀚的历史隐藏着纷繁的假象。就以吕不韦和秦始皇的关系问题举例吧，正史上好像总在有意无意地说"有这么回事"。但《历史真相一本通》从吕不韦的动机、吕不韦与异人回国的时间、秦始皇出生的时间等反复校核，得出了"没有这么回事"的论断。我看完后，觉得这是可信的。那为什么秦始皇称吕不韦为"仲父"呢？在我看来，吕不韦对异人的成长投资是巨大的。可以说，吕不韦和异人是"铁杆兄弟"，或者是"一团血旺"，故而秦始皇称吕不韦为"仲父"也是理所应当的。按照"孟、仲、季"的排列顺序，仲父也就是叔父。正如汉高祖刘邦原名就叫刘季，说明他是太公的第三子。那为什么会出现这种谬误呢？这其实是史学家的立场问题，因为秦朝的历史被编订成书是在西汉前期。那时，人们普遍的思维是痛恨秦朝暴政，即"天下苦秦久矣"。所以，丑化秦始皇成了一种思维定式。这或许是当时史学家的思想局限。后来，这个对秦王朝有巨大贡献的功臣，这个编著《吕氏春秋》的伟大史学家，就这样被秦始皇"蜀地安置"了。这其中必然有政治的原因，那就是嫪毐集团叛乱。如果没有这个叛乱，秦始皇是绝对不会对吕不韦来这么一手的。

  话说回来，淮阴侯韩信或许天命该绝。如果他在入蜀途中没碰上正回宫的吕后，或许他还能捡到一条老命，到蜀地去过简朴的生活。但吕后的狡诈确实不一般。韩信视她为"救命稻草"，但她却向刘邦建言，并亲自实施了对韩信的"斩首行动"。可见，功高有什么用呢？帝王的隐忧和猜忌，才是真正的"夺命杀手"。在这里，我不禁想起了"萧何自污"的故事。当年，刘邦征战在外，把后方征兵供粮的任务托付给萧丞相，但又总是放心不下，屡屡派使者回来探问"萧丞相在干什么"。萧何的下属见了，感到萧丞相即将大祸临头。这个下属把刘邦的心思看透了，不忍看到自己的上司冤死，于是建言萧何不要勤政，要去抢田占地、欺男霸女、多置房产。聪明的萧何，马上就如法炮制（自污）。消息传到"楚汉相争"的前线，刘邦嘴上说着"萧丞相怎么能这样"，心里想的却是"这下我就放心了"。刘邦凯旋回京，百姓"状告萧何"的状纸雪片似的飞来。刘邦也没把萧何怎么样，还把状纸全部转"萧何阅处"。萧丞相的下跪请罪，也变成了下跪谢恩。

异姓诸王被打扫干净后，刘邦开始大肆分封同姓王，实行郡国制，捍卫刘姓王朝。可不久，他又有了新的担忧。随着吕后的日益强大，柔弱仁厚的太子在这场母子的权力之争中是绝对赢不了的。不出所料，刘氏江山最终被吕后把持。汉惠帝刘盈长期不敢亲政，只能沉湎酒色，郁闷地活着，时年二十三岁便先于他的母后而一命呜呼了。最让汉惠帝郁闷的是，吕后把她的外孙女，也就是刘盈亲姐姐鲁元公主的女儿张氏立为皇后。鲁元公主曾嫁了个"过婚手"（张敖）。对于这个张氏是不是鲁元公主的亲生女，《汉书》的说法也自相矛盾，一说是亲生的，一说是张敖前妻生的。但从吕后想亲上加亲来分析，这个张氏应该是鲁元公主亲生的。但吕后这样的安排，让汉惠帝情何以堪？因此，惠帝和张氏就没有"一儿半女"。

吕后很着急，便把其他妃子的三个儿子抢到张氏名下，命人将这三个妃子杀掉。后来，这三个儿子在铲除诸吕的时候，也被杀掉了。他们死得何其冤枉。其中，有两个儿子被吕后立为皇帝，一个是前少帝刘恭。因扬言长大后要找吕后报"杀母之仇"，引起吕后不快，于是被废。一个是后少帝刘弘。吕后废刘恭后，更立少子刘弘为帝。由于这些皇帝"少不更事"，便都由吕后垂帘听政。更有甚者，吕后还把吕氏的"女娃儿"用来普适诸侯王，主要目的是监督诸侯王的行动。当然，吕氏的这些公主与诸侯王的婚姻一点儿也不快乐、不幸福，这也是政治婚姻的恶果。据说，当时有两个诸侯王与王后的感情不好，准备另适王姬，却被诬谋反。最终人被杀、国被除，正好给吕氏子弟"腾出了位置"。

刘邦以策万全的"白马之盟"的主要内容是"非刘氏而王，天下共击之"。但是，这个"盟约"被吕后全部撕毁。于是，吕后大封诸吕。或许是吕后也感到了有点儿不好意思吧，便象征性地封了一两个"刘氏"。刘邦的忧虑来自"废长立幼"的不成功，在关键时刻出现在刘邦面前的"商山四皓"，是张良和吕后临时请的"草台班子"。刘邦为了表达对戚姬的爱意，因为戚姬比吕后年轻貌美；为了表达对刘如意（戚姬之子）的欣赏，因为如意比太子智勇双全，最终才有了废长立幼的坚定抉择。正是这个坚定抉择才把吕后"惹毛了"。吕后不仅满含醋意，还有了长远之忧，这也最终导致了"人彘戚姬"和刘如意的杀身之祸。不知刘邦地下有知，会不会去找吕后拼命。

刘邦"不豫"，吕后"篡夺"。公元前180年，是西汉历史上十分重要的一年。这一年，是刘姓王朝"重拾旧山河"的历史元年。吕后"百年之后"不久，就天翻地覆、乾坤倒转，诸吕遭了殃，江山也恢复了刘姓。吕后走了，诸吕也被灭了，汉文帝刘恒的"狗屎运"就来了。刘恒，西汉的第五位皇帝。此处是把吕后立的前少帝刘恭、后少帝刘弘都计算在内了。因为这两个皇帝在西汉历史上都没有什么影响。所以，有史家认为汉文帝刘恒是西汉的第三位皇帝。他是刘邦的第四个儿子。刘邦的长子刘肥系外妇所生，这个外妇是谁，史书上没有记载，但可以肯定的是，这个外妇是在吕后之前跟刘邦"相好的"。这个刘肥虽然也封了王，但是日子也并不好过。只有割让自己的封地献给鲁元公主当"汤沐邑"，这才获得了吕后的谅解。在消灭诸吕时，长子刘肥、次子刘盈（汉惠帝）、三子刘如意（被毒杀）都已离开人间，刘恒作为刘邦的第四子被确立为皇帝人选。得到意外的消息，刘恒却有些惊慌失措，郎中令张武说"称疾毋往"，中尉宋昌又劝"大王勿疑"。于是，他们就把决定权交给占卜得"大横"。（"大横庚庚，余为天王，夏启以光。"）占得好卦后，刘恒还是不放心，又遣薄太后的弟弟薄昭（刘恒舅舅）进京去找周勃"探口风"，得到"信矣！毋可疑者"的答复，这才决定赴京上任。

史书上说，在刘邦的众多儿子中，刘恒是最不引人注目的一个。他的母亲薄姬，原来是项羽所封的魏国王宫的一个宫女。刘邦击败魏国后,将魏国宫女"集体收编"。薄姬偶得刘邦宠幸,生下了龙子刘恒。以后,刘邦的心思就没有放在薄姬身上了。薄姬失宠了,虽然诞下了皇子,但她的地位却一直是"姬",连"夫人"的名号也没有得到。这也好,和吕后不在一个档次上,吕后也不屑跟一个小姬争风吃醋。直到吕后死后诸吕覆亡,薄姬还好好地活在代国的王府里,被尊称为薄太后,即王太后。据说,"王太后"也是吕后创制的。她规定,跟刘邦生了皇子的夫人,都要随着封王的儿子到封国去当太后,称为"王太后",跟"皇太后"区别开来,其真实的意思还是为了后宫清净。刘恒被封为代王,封地远离京畿,地位也不显赫。但往往有人会因祸得福,刘恒就是这样一个人,他躲过了吕后的毒手,幸运地活了下来,还咸鱼翻身成为刘汉王朝的"主持人"。有人说,汉文帝刘恒接手的是一个"烂摊子"。非也!我认为,刘恒握在手中的是"一把好牌"。刘邦和吕后这一对"皇家夫妇"奉行"黄老之术",也算治国有方,采取的"与民休息"和"轻徭薄赋"政策,受到百姓普遍点赞。正是有了这样的家底,才演绎出之后"文景之治"的太平盛世。

汉文帝刘恒治国有方、治政有术。据史书记载,他用自己内圣外王的道德修养、高妙绝伦的领导艺术,把刘汉王朝的江山社稷打理得井井有条,成为儒道各家交口称赞的一代明君。但是,他的清静无为比他的父母有过之而无不及,以至天下无事,实现了"垂拱而治"。所以,他在史书上留下的活动记录太少。重农抑商、改革兵制就不说了。值得一说的有三件事:一是源于周代的"进善之旌、诽谤之木、敢谏之鼓",汉文帝刘恒在历史上的最大贡献是除"诽谤妖言之罪",真正做到"广开言路,兼听则明"。二是他在历史上最鲜明的形象特点,是勤俭节约,那个"露台百金、因谏而止"的故事就是证明,皇后慎夫人穿粗衣短裙(裙不拽地)、帷帐无纹绣(无绣花),也算十分节俭。三是知人善任,提拔重用了贾谊、晁错、张释之、周亚夫等一批国家能臣,为打造"文景盛世"起到了奠基作用。

我们知道，在汉景帝时期爆发了"七国之乱"。这个祸事，其实是汉景帝刘启自己惹起的。据说，在刘启还是太子时，与吴王刘濞的太子一起下棋，因为悔棋，双方发生矛盾，进而升级到肢体冲突，最后刘启举起棋盘砸死了吴王太子。因此，吴王刘濞成为"七王之乱"的"挑头人员"，首先举起叛乱的旗帜。但实际上的直接原因则是晁错鉴于藩国已经"尾大不掉"，建议汉景帝加快削藩，以巩固中央集权的格局。最终，"七王之乱"很快被周亚夫、窦婴平定，吴王被追杀，其他六王兵败自杀。最可惜的是晁错，被七王写在了叛乱的旗帜上，即"诛晁错、清君侧"。而我们的汉景帝呢？他居然采纳了袁盎的建议，为息事宁人，"不爱一人以谢天下"，腰斩晁错。可是晁错的血并没有让叛乱的声音静下来。汉景帝刘启一方面对晁错心生痛惜，另一方面派遣皇家军消灭叛军，不久就定了胜负。

王昌龄在《出塞》中言："秦时明月汉时关，万里长征人未还。但使龙城飞将在，不教胡马度阴山！"这首诗里的飞将军指的是景帝时候的卓越将领李广。据说，景帝时期是匈奴比较强大的时期。于是，他盘算了家底，对比了强弱，制定了恰当的对匈奴的策略，即有战有和，以和为主。这个"和"呢，"和亲"算一个重要亮点，但开放马政、以物易马、充实骑兵的装备，也是一个重大的收获。借和平时期迁军民实边屯田，不仅强化了边防力量，而且可以解决汉匈战争的后勤补给，这才是西汉政府和景帝的最终目的。

对于景帝，历史学家说他念好了"四字经"，即清静恭俭。纪连海在《纪连海点评汉书》中说："清，是为政少事；静，是安定百姓，恭，是善待臣民；俭，是节省汰用。"至于景帝时期的国家富足，有两点可以说明：一是一再地轻徭薄赋，从十五税一到三十税一，还有多次的"豁免"。据说，国家积存起来的粮食，所有的粮仓都装不下，放在外面有的霉烂了。二是放在国库里的金钱，因多年未曾动用，连穿钱的绳子都朽断了。由是，国库的充盈激起了汉武帝刘彻的旷世野心,开疆拓土,打仗"打的都是钱啊"。所以,也有人把汉武帝叫作"汉家的败家子"。

七

毛泽东《沁园春·雪》说:"惜秦皇汉武,略输文采;唐宗宋祖,稍逊风骚。一代天骄,成吉思汗,只识弯弓射大雕。"一口气就说了五个皇帝,而这五个皇帝,几乎都可以说是千古一帝。这里的"汉武"指的就是汉武帝刘彻。他一生雄才大略、文治武功,七岁时被册立为太子,十六岁登基,在位五十四年,不仅建立了空前的辽阔疆域,奠定了中华疆域版图,而且派张骞出使西域,宣扬"大汉的威德",开通了至今仍影响全世界的"丝绸之路"。"汉"被尊称为"大汉",是当时世界上最强大的国家。董仲舒递交"罢黜百家、独尊儒术"的"请示",刘彻也欣然同意。那些皓首穷经的先生和苦心孤诣的儒士,也迎来了发展的春天。

汉武帝刘彻能继位登基、穿上龙袍,离不开一个女人的帮助,这个女人就是长公主刘嫖。为什么叫长公主呢?皇帝的女儿叫公主,而皇帝的姐妹就叫长公主。至于皇帝的姑姑,就叫大长公主。长公主刘嫖,是汉武帝刘彻的姑姑,汉景帝刘启的姐姐。"金屋藏娇"的故事,说的就是刘彻与陈阿娇(刘嫖的女儿)。其实,这个故事,并不见于正史的典籍。那时"金屋藏娇"还没有成为一个成语。据说,汉武帝幼年时,看见阿娇姐姐很漂亮,说"若得阿娇作妇",当"作金屋贮之"。这个传说,见于《汉武故事》,是用来歌颂爱情的。后来,金屋藏娇逐渐贬义化,成了令人不齿的婚恋故事。

起先,栗夫人给汉景帝生的儿子刘荣被册立为太子。刘嫖想把自己的女儿阿娇嫁给刘荣做"太子妃",然而那个栗夫人却死活不认账。后来,刘嫖又打起了刘彻(原名刘彘)的主意。哪知道,刘彻母亲王夫人却欣然应允，刘彻与阿娇确立了"娃娃亲"，一桩政治婚约就这么达成了。俗话说，丈母娘看女婿、越看越欢喜。刘彻本来就不错，精通诗书，深得景帝喜欢，还把那个"有点儿低贱"的名字"刘彘"改为"刘彻"。再加上准丈母娘（刘嫖）对他的一路夸奖，对其他皇子的贬低诬蔑。最终，刘荣的太子之位被废除，"栗太子"被"打回原形"。而刘彻呢，则被立为太子。这是这场婚约带来的正面效果。

负面效果也是有的。初登帝位，汉武帝迫于形势，对这位丈母娘毕恭毕敬。刘彻逐渐掌握实权后，对刘嫖变得"很不感冒"。加上比刘彻大的阿娇年老色衰、没有生育，而且妒忌成性。自己生不出来，也不想看到其他妃子生儿育女。这让刘彻对那个发誓要"金屋贮之"的阿娇深恶痛绝，继而借"巫蛊事件"与之恩断义绝，废除了她的皇后尊位。从此，阿娇退居长门宫，过起了"凄凄惨惨戚戚"的深宫生活。但是，她还不死心，不惜花重金请司马相如写了一篇《长门赋》。可是，汉武帝刘彻已经"千呼万唤不回来"，阿娇只得整日以泪洗面，郁郁而终。

司马相如也是一个有故事的人。虽然我们熟知的他是一个著名的辞赋家，但他的进身之阶却只是一个"武骑常侍"，且还是买来的。司马相如与卓文君的故事，也算是一场阴谋的结果。这场阴谋的总导演和主要演员就是司马相如自己，配角演员则是那个"王县令"。那曲《凤求凰》，挑动了寡居少妇卓文君的春情，这才有了两人的月下私奔。不过，卓文君的"当垆卖酒"，司马相如则穿着"牛犊裤"当"丘儿"，也是司马相如导演的一出"逼宫戏"。卓王孙是一个要面子的土豪，便勉强答应二人婚事，实际只想厚赐了事。当司马相如和卓文君携重金回成都安家，卓王孙最想说的一句话就是"眼不见心不烦"。当然，笑到最后的是司马相如，不仅抱得了美人归，还拥有了人生发展的"第一桶金"，买田置地、修房造物，过起了"富人生活"。而卓文君呢，最后的遭遇和陈阿娇差不多，只能用《白头吟》

来谴责司马相如这个负心郎。

因为与阿娇的政治婚姻，刘彻不仅换来了太子之位，而且顺利登基称帝。然而，汉武帝能够开疆拓土却是因为有了卫子夫。卫子夫，原本是汉武帝的姐姐平阳公主家的一个歌女。汉武帝在平阳公主家的一次宴会中，先是被卫子夫清婉悠扬、甜润悦耳的歌声所打动，接着又对其双目含情、妩媚可人的容貌倾心。在宴会还没有结束的时候，汉武帝就迫不及待地宠幸了她，并带回宫中。刘彻非常喜欢卫子夫，但由于受到阿娇的排挤和皇太后的憎恶，卫子夫在后宫之中被冷落了近一年。后来，汉武帝对她百般恩宠。卫子夫生下汉武帝的长子刘据后，被立为皇后。后刘据被立为太子，卫氏家族也因此得到极大恩宠。她的弟弟卫青被任命为车骑将军，迎击匈奴。卫青的外甥霍去病也被提拔重用。正是由于卫青、霍去病在征讨匈奴时的所向披靡、战无不胜，才使得汉军彻底打垮了匈奴的主力，使匈奴元气大伤。从此，匈奴逐渐向西北迁徙，出现了"幕南无王庭"，匈奴对汉朝的军事威胁基本上解除。汉武帝也因此更加宠爱卫子夫。作为汉武帝的贤内助，因为卫子夫的存在，卫青、霍去病才被汉武帝重用，开疆辟土，东征西讨，立下了赫赫战功。然而，对于一个女人来说，特别是皇帝所宠幸的女人，随着时间的流逝，容颜的衰老，其受宠程度也江河日下，慢慢地被新生力量取代。在卫子夫被立为皇后的第 38 年，因为太子刘据所谓的"巫蛊事变"被人陷害，最终因不能自明而自杀。

汉武帝，中国古代史上第一个使用"年号"的皇帝，也是两汉历史上在位时间很长的皇帝，长达 54 年。历史上对他的"盖棺定论"也是毁誉参半。但是，我们现在所说的"一带一路"，还得感谢汉武帝刘彻，是他对西域的"经营"（张骞）和"开通西南夷"（唐蒙和司马相如）的政策，分别打通了北方和南方的"丝绸之路"。史家说，汉武帝堪称千古一帝，主要指的是他的文治武功均可盖世。当然，汉武帝自己也认识到了错误，他把"文景之治"挣来的钱花了个精光，所以用《轮台罪己诏》做了深刻的检讨。两年后，汉武帝就闭上了他那双神勇睿智的眼睛。汉武帝跟秦始皇也有相似之处，都死在巡查的路上，他们巡查的目的也惊人相似，都想寻找"长生不老方"。之后，除了"昭宣中兴"值得记起，之后的继位皇帝的故事，好像都是不平凡的人干了平凡的事，留给我的印象也不深刻，外戚和宦官交替专权的乱象，也不想细说了。王莽先生的新朝是两汉的"间隔号"，据说是因为刘邦"斩白蛇而起义"，所以白蛇天神也要把汉朝拦腰砍断，分为西汉和东汉。

　　汉平帝刘衎，他是中国历史上第一个"跨元皇帝"（前1年—6年在位）。若说是汉平帝弄丢了刘氏江山，这很勉强，毕竟后面还有孺子刘婴继位。我们前文说过的王莽，就从刘婴的手里抢夺了"大汉的江山"，用"新朝"的建立，宣告了汉家王朝的灭亡。王莽篡汉自立的时候，他的姑母王政君已经把王氏一族培养成了西汉"最火爆"的家族。但是，这个史上较长寿的皇后，对王莽的篡汉却表示了坚决的否定。因为她毕竟是汉家的皇后、皇太后、太皇太后，对刘家王朝有着深深的感情，正统观念深入了她的骨髓，以至于她十分痛恨王莽的篡逆，愤怒地把"传国玉玺"也摔掉了一角。

　　心理学告诉我们，一个人，第一印象很重要。关于王莽，初中的历史教科书中说的是王莽篡汉。一个"篡"字，便特指了是臣子夺取君主的位置。这在古代是大逆不道的，是要被灭族的。因此，王莽给我的第一印象不仅糟糕，而且是糟糕透顶的。夹在"两汉"之间的"新朝"，位子来得不太光彩，"其兴也勃焉，其亡也忽焉"，被绿林、赤眉起义弄得惨淡不堪，王莽也在乱军中被"收了购粮证"。随后，光武帝刘秀"灭掉新朝，恢复汉室"，建立了东汉政权。所谓"众口铄金、积毁销骨"，封建史学家们的口水几乎可以把王莽淹死了。

　　后来，"篡汉自立"变成"代汉自立"，很多史学家的立场逐步中立。从相关的史籍中，我也读出了新的意味，那就是王莽"既可爱，又可笑,更可悲"。作为封建史学家眼中的"窃国大盗",班固在《汉书》言他"鸱目虎吻豺狼之声者也",即他的眼睛像猫头鹰,嘴巴像老虎,声音则像豺狼。这还不算,史学家们所口诛笔伐的王莽是"欺世盗名"和"沽名钓誉"的。

据林剑鸣的《秦汉史》说,西汉末年,皇帝无能,只能由外戚集团或者宦官集团轮流执政。"元帝无能,宦官用事"才谢幕,接着便上演了"成帝荒淫、外戚执政"。这时的外戚首领,就是成帝的母亲、王莽的姑母元后王政君。

王莽无法躬逢其盛,因为他的父亲早死。其姑怜悯王莽幼年丧父,才将他接养后宫。王莽自幼勤学,拜名儒为师,与饱学英俊之士交游,在骄奢淫逸的纨绔子弟圈里可算是一股清流。早年丧父,长兄早逝,莽"事母及寡嫂"极孝,还常亲"奉羊酒"去慰问侄儿的老师。他还特地为长子和侄儿同日完婚,在隆重而热烈的婚礼现场,数次离席,声称是去为生病的母亲服药。根据古代的选举制度,王莽完全可以通过"征辟"或"举孝廉"而"朝为田舍郎,暮登天子堂"。

王莽对大伯父、大司马王凤恭顺备至,侍候凤疾"亲尝药,乱首垢面,不解衣带连月"。王凤死前,将他托与王政君母子,后王莽被任为黄门郎,正式入仕。叔父王商曾上书,愿将自己的封邑分一部分给王莽,点醒了王政君,永始元年(前16年)王莽嗣爵,并升为骑都尉、光禄大夫、侍中。升至宿卫近臣后,王莽"爵位愈尊、节操愈谦"。他"散舆马衣裘,振施宾客,家无所余",更在名士、官僚中扩大自己的"朋友圈",其名声逐渐超过了他的叔伯们。

从以上的内容判断,王莽的"伪装"是成功的,可以算一个可亲可爱的儒者楷模。但让史学家诟病的还有三件事:

一是以大司马辅政的叔父王根"久病请免",接替王根的按理是淳于长。而王莽通过告密的方式,说王根病了淳于长却"很高兴"。他还揭短,说淳于长与已废的许后之姐私通。通过这两种手段,王莽就顺利搞掉了淳于长。成帝绥和元年（前8年），38岁的王莽就坐上了大司马的宝座。

二是王莽任大司马不到半年，即公元前7年，成帝死，哀帝即位。其祖母傅氏和母亲丁氏两家外戚得势，压住了王氏外戚集团的势头。不太懂事的王莽就非议傅太后与帝并坐，因言获罪被逐出朝廷。而王莽在朝廷失势，在乡里却声誉日隆。他的儿子杀死一名奴婢，王莽竟然逼其自杀偿命，在绞杀侍婢如同儿戏的官僚贵族圈引起极大震动。

三是王莽一直注意笼络士人，结好地方官。如孔休守新都相，王莽对他优礼有加，赠以美玉宝剑，从而收获好感。哀帝元寿元年（前2年）发生日食，信奉"天谴说"的贤良周护、宋崇等在皇帝面前吹捧王莽，王莽又被召回朝廷。旋即，因从兄家事触了霉头，又被贬。

从这三件事，你看出王莽的矫情了吗？反正我没有。谁愿意拿自己的亲生骨肉来沽名钓誉呢，谁又能从青年伪装到中年呢？其实，让王莽重操大司马旧业的是哀帝"宠信无比、几欲效法尧舜"的大司马董贤（宦官首领）。哀帝死，董贤因不学所以无术，办不来哀帝的丧事。元寿二年（前1年），此时傅太后和丁太后都早已死去，元后重拾往日的荣光，即令召回王莽佐董贤治事。董贤及其妻子被逼自杀，大司马职位出缺。朝臣自大司徒孔光以下共举王莽，被重新任命为大司马，领尚书事，继续辅政。

八

王莽辅政后的第一件事，就是与太后议立嗣君。由于哀帝无子，二人便决定立中山王的儿子刘衎为帝，是为汉平帝。这个刘衎生下来，还未满月就患了病，发作时，唇口手足皆青，且无法治愈。立这样一个"废物型"的"娃娃皇帝"，真是司马昭之心路人皆知啊，再次出现外戚专权的局面也就是意料之中了。

排除异己，这是专权的必然手段。王莽一方面将成帝的皇后和哀帝的皇后废为庶人，且逼令自杀，另一方面又不准平帝生母入京。这些不顾人伦的做法，引起了汉平帝和一些朝臣的腹诽（敢怒而不敢言）。更可笑的是，王莽次子因曾帮助过平帝生母被处死，连怀孕的儿媳也在产后被杀，足见其为铲除异己而不择手段。即便是红阳侯已不居位，王莽也罗织罪名让他"出京师就国"。至于其他人，"附顺者拔擢、忤恨者诛灭"，就更不在话下了。汉平帝元始元年（1年），元后封王莽为"安汉公"。然而，不久后，王莽竟然以"太后不宜亲省小事"为名，连他该终生敬仰、以死相报的姑母王政君的权力也剥夺了。这样的行径也"太不厚道"了，真不愧是一个可笑的"真小人"。

　　王莽由假皇帝到真皇帝，走得较为平顺。他十分擅长笼络人心，巩固自己的权位。他将自己的女儿嫁给平帝为皇后，得到赏赐新野田二万五千六百顷，赐黄金二万斤，折合钱为二万万。可他再三推辞，只愿意接受了四千万，且以其中三千三百万分给陪嫁的人家。后来，朝廷又增赐二千三百万钱，他又拿出一千万"分予九族贫者"。王莽此举在朝堂中引起了巨大反响，上书称赞他的人竟然达到四十八万七千五百七十二人，可谓"颂声交作"。王莽也因此"加九锡"。元始五年（5年），王莽借"上椒酒"毒死了自己的女婿——汉平帝。居摄元年（6年），刘婴被立为帝，号"孺子"，史称孺子婴。而王莽则效仿周公，做起了"假皇帝"（摄皇帝）。初始元年（8年），"素无行，好为大言"的梓潼人哀章献上一只铜匮，内有符书写着王莽为真天子。谁知，王莽真就欣然受命了，将孺子婴封为定安公，逐出未央宫，自己即天子位，改国号为"新"。

　　当上皇帝后，王莽则更为可笑。一是在改朝换代时，按照哀章所献的铜匮中伪造的符命封拜。甚至于连城门吏和一个卖烧饼的只因与符命上伪造的名字相同也被封为官。二是改革地名和官名，其地名和官名一律复古，除非有超强记忆力，否则根本记不住地名和官名。

而且官俸甚微，不足部分由官吏自求平衡。三是改革币制，以"大小钱"制度取代五铢钱，但复杂的换算方式，造成了币制的混乱，几乎恢复到以物易物的地步。四是改革奴婢和土地制度，把全国的田改名为"王田"，奴婢叫"私属"，都不准买卖。另外，实行"五均六筦"，五均是在都城长安及洛阳、邯郸、临淄、宛、成都等城市设立五均官，负责管理市场的物价，收取工商业税；六筦是专营盐、酒、铁、铸钱、征收渔猎税和五均赊贷共六事。这不仅触动了贵族、官僚和大地主的利益，而且也让更多的民众成为流民，多方不讨好，导致绿林、赤眉起义成为"新朝"的掘墓人。五是蔑视少数民族，把匈奴改为"降奴"，把"高句丽"改为"下句丽"，导致边疆烽火四起，西域诸国离析、西羌叛乱，西南和东北各族反抗。于是乎，既有内忧又有外患，"新朝"走向了遽然消亡的道路。有史学家曾说，西汉末年乱得可以，但"新莽乱得更可以"。

虽然王莽贵为"新朝"的皇帝，但史家们几乎无一例外地没有把他列入"帝纪"，不承认他的正统地位。林剑鸣在《秦汉史》中认为，埋葬"新朝"的罪魁祸首就是王莽自己。自取灭亡，固然十分可悲。在林剑鸣看来，"新朝"的迅速垮台，与王莽的政治品格有着密切的关系，"浮夸拒谏猜疑心重""喜怒无常朝令夕改""食古不化顽固迷信"，最终他所采取的各种措施，没有起到缓解社会矛盾的作用，反而使得其治下官不聊生，民不聊生，赋税和徭役繁苛沉重，百姓"力作所得，不足以给贡税"。据史料记载，地皇二年（21年）没入官奴婢者达数十万人。米价由汉初数十钱涨到王莽时"米石二千"，以至于"黄金一斤易粟一斛"。真是苛政猛于虎，政府"食人"加上民间"人相食"，愈来愈多的人挣扎在死亡线上。

同时，统治阶级内部也日渐分崩离析。纪连海在《纪连海点评汉书》中说："王莽被斥为篡逆，刘歆被控为助纣，扬雄被指为美新。"汉王朝的刘氏宗族诸侯王三十二人，王子侯一百八十一人都是被王莽废黜的。

早在王莽居摄年间，就有刘氏宗族刘崇、刘信举行反莽起义。始建国元年（9年）又有刘快、刘都起义。始建国二年（10年），又有刘曾、刘贵起义。这些反莽起义，意味着统治阶级内部矛盾已经激化。而绿林、赤眉起义，则敲响了王莽及"新朝"的丧钟，尤其是大商业地主刘秀兄弟的参战，不仅改变了农民起义的性质，更形成了摧枯拉朽的战争态势。这一切，都标志着王莽政权从上到下发生了动摇，其政权基础已经不堪一击。

然而，王莽这位"真皇帝"在灭亡前夕一直不敢正视，于是想出了各种方法麻痹自己。这些丑恶而荒唐的表演，让我们为他感到真切的悲哀。一是迷信的滑稽表演，采用改名、改年号等"厌胜"手法，毁坏高祖庙，企图慑服墓中神灵，让人不再思汉。建华盖登仙，百官皆暗地说"此似辒车"，而王莽却兴味盎然。二是自欺欺人的伎俩，不仅流泪展示其为平帝祈福的"金滕之策"以表忠心，还令人假装从东方送来囚车，扬言"刘縯被捕处死"。可王莽只知道刘縯在更始军中势力庞大，却不知其早已因更始政权内部猜忌被处死了。面对强大的起义军队步步紧逼，又因相信哀兵必胜的信条，便组织"新朝"将士号啕大哭。此外，为了麻醉自己，又大肆选妃立后，被戏称为"一树梨花压海棠"，搞起了末日狂欢。

当然，这些不仅没有改变"新朝"灭亡的命运，反而徒增了王莽人生的悲剧色彩。登上皇帝宝座的王莽，就像变了一个人，一味地大兴复古风潮，让江山失色，一些看似完美的改革举措，却总是"好心办了坏事"，搞得官不聊生，更搞得民不聊生。绿林好汉（绿林军）首举义旗，眉毛染成红色的赤眉军也应声而起，反莽的战火一下子燎原。最终，"新朝"皇帝王莽被义军砍掉了脑袋，又瓜分了身体（为记功的需要）。其实，古代记录战功喜欢用耳朵（轻便些），将士们身上都有一个袋子（装耳朵）。这次反莽起义，得利最多的是赫赫有名的光武帝刘秀。

公元8年，刘秀随兄刘縯起兵于南阳郡。公元25年即位称帝（光复汉室），定都于洛阳，又发起统一战争，一统天下后就励精图治，开创"光武中兴"时代。光武帝刘秀也喜欢"搞区划大调整"，在全国设十三州（州所辖郡县多少不等），之后合郡并县，县级建制减少400余个（约占三分之一强）。当时的"州"，是东汉的监察区名称（又称部）。每州设刺史一人，故有"十三刺史部"，巡察郡国，督察郡县官吏和地方豪强，纠举不法，弹劾污吏。汉灵帝中平五年（188年），朝廷重臣开始外放任州牧。"州"由"监察区"变成"行政区"，"州牧"成为常设的地方"军政长官"。"牧"者"拿着戒尺管理人民"也。

光武帝刘秀驾崩（57年）后，汉明帝（刘庄）、汉章帝（刘炟）父子俩经过多年的苦心经营，国力空前强盛（国库再次充盈），四夷臣服于东汉王朝。时光流逝到121年，邓太后驾鹤西去，东汉王朝的黄金岁月从此不再，朝政也急转直下。自汉和帝起，几个登上皇位的都是"儿皇帝"，摄政的太后皆无邓太后之能（政治才能与贤淑品德），外戚势力与宦官集团横行朝堂，朝政混乱得惨不忍睹。

汉灵帝，东汉历史上最可笑的一个皇帝。他最喜欢宦官，也十分慷慨，曾一次就封10个宦官为常侍，史称"十常侍"。

汉灵帝也是东汉历史上最荒唐的帝王。喜欢宦官也就罢了，他还十分喜欢钱财，搜刮已然不能满足他的欲望，于是亲自开门，公开卖官鬻爵。他的"买卖"做得还有点儿人性化，即实行国家牌价，还允许适当拖欠（好笑吧）。据史料记载，他"上车伊始"，就发动了第二次党锢之祸，即朝臣集团（党人）和宦官集团的生死较量，以党人被屠戮或禁锢为结局。第一次党锢之祸，东汉桓帝（刘志）延熹九年（166年）发动，导火线是"张成案件"。后虽在窦武的帮助下，被捕入狱的党人全部获释，但却被终身罢黜，扼杀了好多党人出仕的希望。第二次党锢之祸危害则更为惨烈，陈蕃在尚书门遇害，窦武被诬叛乱，在重围中无奈自杀，与窦武交好的冯述等人惨遭灭族，李膺等士大夫被再次免官，后来再次被宦官诬陷。汉灵帝下达了大批追杀令，几乎所有与宦官对抗的有识之士（党人）都没能逃过灭族的惨祸。与党人有关的人被终身禁锢。一直延续到王允杀死董卓才算结束。

189年，汉灵帝英年早逝，长子刘辩继位，是为汉少帝。但他仅坐了不久的龙椅，就在董卓胁迫下自尽了。随后，刘协继位，是为汉献帝。虽然他在位的时间长，但他那"孤家寡人"的日子却过得很苦。董卓专权，献帝颤颤巍巍。后来，"挟天子以令诸侯"的曹操迎献帝于许昌，汉献帝也还是一个名存实亡的皇帝。

220年，曹相国（曹操）逝世，他的儿子曹丕强迫汉献帝禅让（被贬为山阳公），自立为帝，建立魏国，汉朝灭亡。有史家说，汉朝天命已绝、气数已尽。

九

黄巾起义，是东汉末年的农民战争，也是中国历史上利用宗教形式组织发动的农民大起义。这里的"宗教"指的是太平道。太平道是原始道教的一支，产生于东汉中期，以《太平经》为经典。汉灵帝光和七年（184年），朝廷腐败，宦官外戚流血火拼成为常态，边疆战事不断升级，国势日弱又遇全国大旱，颗粒不收而赋税不减，走投无路的贫苦农民决心冲出一条血路。当时，巨鹿人张角自称"大贤良师"，一边传教，一边组织群众起义，得到了民众信任。百姓云集而响应，他们头扎黄巾（黄帕子），高喊"苍天（指东汉）已死，黄天（指太平道）当立，岁在甲子，天下大吉"的口号，向官僚地主猛烈开火，致使东汉朝廷摇摇欲坠。

甲子年是天干、地支结合的一种纪年方式。天干有10，分别为甲、乙、丙、丁、戊、己、庚、辛、壬、癸。地支有12，分别为子、丑、寅、卯、辰、巳、午、未、申、酉、戌、亥，天干与地支相配，形成从甲子、乙丑，到壬戌、癸亥六十个干支。六十干支循环往复，既可记日，又可记月，还可记年。而干支一循环就是60年，人们据此得到了甲子年的计算方法，即用年份数除以60余数为4的，就是"甲子年"。这样看来，黄巾起义者口号里所喊道的"岁在甲子，天下大吉"，即184年，确实是"甲子年"。传说"干支纪年"是黄帝发明的纪年方法，这是有待考证的。事实上，西汉以前多是"岁星纪年法"，直至东汉建武三十年（54年）后才完全废除了岁星纪年法，只用干支纪年法。且按照"汉为火德""土能克火"的"五行学说"，"土"对应的颜色是黄色。因此，起义者都裹着黄色的头巾（黄巾军），这也是有一定依据的。奈何，"黄巾起义"因叛徒告密而仓促起事，加上"政府军"的猛烈反扑，很快黯然失败，消失在了三国的烟云里。

190年，"黄巾之乱"才被镇压，"董卓之乱"又起，揭开了军阀混战的历史大幕，重要"参演人员"董卓、袁绍、曹操、孙坚、刘备等纷纷登上了历史舞台。而最终，只有曹操、刘备、孙坚三人成为亮眼的"男主角"，一场风云际会、云海翻腾、血雨腥风的"大戏"开始上演，由此，历史进入了"三国鼎立"的时代。

在"三国风云"里，曹氏是"大哥"般的存在（实现北方的统一），对孙权和刘备这"两个小兄弟"，既苦心孤诣又处心积虑，总是"张着血盆大口"，但又坚持着"只做周文王"的"不知真假的诺言"。他"至死不称帝"，是对"名为汉相，实为汉贼"称号的反讽呢？还是要把好事留给自己的儿子呢？

我们都知道周文王的儿子是周武王，曹操的儿子是曹丕。于是，刚把曹操埋进土里去安息，曹丕就"急火火"地称帝了。彼时的孙权"据有江东，已历三世"。但刘备还尚是三国中的"老幺"，初期被曹操打得满地找牙，被追得满世界乱跑。虽然跨有荆益的蜀汉根据地，但是荆州是"借的"，益州是"抢的"，只有汉中是"打来的"。那中山靖王之后的皇室身份或许还是"随意编的"，可"兴复汉室、还于旧都"的政治理想却是真真切切的。但很可惜，桃园三结义的关、张、刘相继"牺牲"在了东吴战场上。随着后主刘禅向曹魏大军举手投降。"汉"的"天命"就被曹家"革命"了，变成了曹魏的天下。后来，还有一些用"汉"的王朝。比如，匈奴的刘渊建立"汉赵帝国"，史称"前赵"；李雄建立的"成汉帝国"；还有在唐宋之间的"南汉"和"北汉"。但这些都跟"汉"的本义相差甚远了，举起的都不是"汉的旗帜"了。

  "汉"作为一个朝代名消失在历史的天空，但汉族和汉文化仍生生不息，傲然屹立在世界的东方，显示出无与伦比的艺术魅力和特色。尤其是中华人民共和国成立后，在中国共产党的领导下，在全国人民的共同努力下，创造了一个个举世瞩目的中国奇迹，全国各族人民也都在为实现中华民族伟大复兴的"中国梦"不懈奋斗着。

第二编：笑谈"三国"那些事儿

进入六月以来，渠县的文史学者们都有一个共同的期待：賨人（宕渠）文化月。先是渠县文峰山成功创建为国家 AAAA 级旅游景区，中国作家协会创作研究部来"文峰书院"开展专题讲座。再是渠县宕渠文学院在文峰山盛装面世，在网络上掀起了一股热潮。又是省市领导陆续前来参观"渠县汉阙"、考察"城坝遗址"。渠县历史博物馆的肖仁杰、四川省文物考古研究院的陈卫东，不厌其烦地讲解着"惊人的发现"和"宕渠过去的故事"。在"拾光小筑"午餐席桌间，一位朋友的儿子，据说是四川音乐学院学生，还声情并茂地演唱了胥健先生的《满江红·龙潭怀古》，大家也情不自禁地随声附和。再是广安市政协、开州区政协（重庆）等先后来渠县"打堆"，考察"賨人文化"或者"两汉文化"。还有成都大学东盟艺术学院的常务副院长何洋托美次仁来追寻"巴渝舞"。他带来了一个惊人的消息：賨人的巴渝舞，已经被写进《中华舞蹈史》。这个家伙了不得，我几乎成了他的粉丝。他劝导我们从研究"巴渝舞"来还原賨人的历史文化，为我们打开了新的视角。

宕渠与賨人，总是这么的生死纠缠。宕渠城（城坝遗址）是古賨国都，陈寿的《三国志》多次提到了宕渠，值得关注的是程季然，说他在刘璋时期担任汉昌县县长，还特别说明这个地方有賨人（种类刚勇，昔高祖以定关中）。还有《杨戏传》的附传，说广汉郪人王义强（名士），曾在蜀汉朝廷做官，后外放任宕渠太守。《王平传》就不说了，但其附传说，同郡汉昌人句扶爵位和名望仅次于王平，受封"宕渠侯"。若要继续追溯历史，先秦时期，宕渠先民（板楯蛮，也即賨人）就因为"射杀白虎"而与秦国签订互不侵犯条约，賨人居然可以跟秦国并举。正是这些賨人的先祖，还帮助周武王伐纣，前歌后舞，导致殷人"前徒倒戈"。前面说了"助刘兴汉"，其实在东汉后期，宕渠更不得了，至少有"五颗将星"闪耀在东汉的天空。宕渠这片热土养育了賨人，还是賨人让宕渠这片热土名垂青史，这里不再议论。

一

看过《三国演义》，才知道主题曲的词作者是明代才子杨慎。要说三国，罗贯中先生的《三国演义》演绎的"三国故事"，让后人把那个短暂的时代刻进了记忆的深处。罗贯中，名本，字贯中，号湖海散人，元末明初著名小说家、戏曲家，是中国章回体小说的鼻祖，代表作《三国演义》更是我国第一部长篇章回体历史小说。

"滚滚长江东逝水，浪花淘尽英雄。是非成败转头空。青山依旧在，几度夕阳红。白发渔樵江渚上，惯看秋月春风。一壶浊酒喜相逢。古今多少事，都付笑谈中。"歌唱家杨洪基那浑厚高昂的歌声在我的耳边回荡，在我的心间涌起，"滚滚长江"溢满我的书房，让我把三国那些事儿，慢慢娓娓道来吧。

有人说，元朝有个"大明殿"，于是"革了元朝命"的是明王朝，明朝有个"乾清宫"，后出的王朝就叫大清朝。凡是"开国皇帝"，他的"国号"都跟他的"王号"基本一致。秦汉不说了，三国时代的魏国，都是因为曹操的"魏王"之称，曹操有其名，是谓魏王，曹丕有其实，是谓魏帝。后来的"晋朝"，也是因为司马氏"晋王"的封号，经过两晋和南北朝的动乱。到了杨坚建立隋朝，也是因为"随国公"的封号，只不过，这个国号有点儿小变动。文武百官不喜欢"随"字有"走字意"，即不安定之意，便建议把"随"改为了"隋"。再到唐高祖李渊建立唐朝，也是因为"唐公"之封。要说，国号不从封号而从姓氏的也有，那就是南朝时期的陈国。国号"陈"就是建国者陈霸先的姓。

罗贯中先生喜欢写乱世，他就写了三段乱世，是不是罗贯中也生逢乱世呢？元朝末年，天下大乱，他年少时母亲病故，于是辍学，随父亲从山西前往今苏州、杭州一带做生意。生逢乱世的罗贯中"意不在此"，他"有志图王"，欣然投笔从戎，到张士诚旗下做幕僚。可张士诚总有点儿刘邦那轻慢儒生的意味，没有采纳他的建议，公然称王与朱元璋为敌。于是，他愤然离开张府，从此与官场再也无缘，成了混迹于三教九流、引车卖浆者之流，慢慢地最终成为一个"南迁作家"。他写出的旷世名作《三国演义》，塑造出了众多光芒四射的三国人物，成为中国戏剧里鲜活的艺术形象，永远活在老百姓的心坎里。

不知道怎么回事，山西太原的罗贯中，纪念馆却在山东东平。由清徐罗氏传人罗二栋于2000年筹资建成，是仿明清时代建筑群，与清徐的"三国城"在一条中轴线上。纪念馆外有南北两座牌坊，北牌坊雕绘三国故事，南牌坊雕绘水浒故事。"左三国、右水浒"，反映了20世纪的"一场争论"，有的说《水浒传》的作者施耐庵就是罗贯中，有的说施耐庵与罗贯中是师徒关系，师徒二人"前赴后继"完成了这部巨著。"口水仗"打了几十年，结果谁也说服不了谁。据说，之后出版的《中国文学史》来了个"一锤定音"，承认了后一种说法，颠覆了我们掌握的四大名著的文学常识。这不是我们要讨论的范围，不再说它。说说《三国演义》主题曲的词作者杨慎吧。

杨慎，新都人，明朝著名文学家，明代三才子之首，东阁大学士杨廷和之子。据说，杨慎的进仕之路也不太平。二十一岁时（1508年）参加会试，主考官王鏊、梁储已将杨慎写的文章列为卷首，不料灯烛的烛花竟落到考卷上烧坏名字，以致名落孙山。其实，杨慎的人生之路更不太平。明正德六年（1511年）状元及第，官翰林院修撰。本来该"春风得意马蹄疾，一日看尽长安花"的杨慎，却在后来陷入了明代嘉靖年间的"大礼议之争"，受到"廷杖"，流放于云南永昌卫。嘉靖帝时有大赦，也有明律规定，六十岁以上可自然免罪归里，但杨慎没被赦还，"申请"却无人受理。嘉靖三十八年（1559年），杨慎终老于云南永昌卫。接下来的两个皇帝对这个"文曲星"还不错，明穆宗追赠光禄寺少卿，明熹宗追谥"文宪"。真是"半江瑟瑟半江红"，杨慎的后半生时光在永昌卫忧郁地活着，而才情却在悄然疯长，诗词、书画都堪称极品，既令世人瞩目，又让后人敬仰。

据说，《临江仙·滚滚长江东逝水》是杨慎所作《二十一史弹词》第三段《说秦汉》的开场词，后毛宗岗在删改罗贯中版《三国演义》时将其放在卷首。据传，杨慎被发配到云南充军，他戴着枷锁，被军士押解到湖北江陵时，正好一个渔夫和一个柴夫在江边煮鱼喝酒，谈笑风生。这样的场景，渔夫和柴夫的"幸福指数"，触动了杨慎的"敏感神经"。于是，他请军士找来纸笔，写下了这首《临江仙》。词中"长江""逝水""浪花""英雄""青山""夕阳""渔樵""江渚""秋月""春风""浊酒"，意境高远而淡泊。衬托这些意象的还有"滚滚""淘尽""转头空""依旧在""几度""惯看""喜相逢""笑谈中"，给这首词宁静的气氛中增加了几分动感。尤其是"古今多少事，都付笑谈中"，有看透历史与人生的无奈，更有淡泊功名与生死的豪迈。

我粗略地认为，湖北的江陵，就是三国时的"是非之地"，曹魏、蜀汉、东吴，在这里上演了一幕幕血腥厮杀的闹剧。闹剧早已落幕，而长流仍奔流不息。由此，我说《临江仙·滚滚长江东逝水》是杨慎对《三国演义》的读后感，用这首词作《三国演义》的主题曲是再恰当不过。当然，删改《三国演义》的毛宗岗要记首功。不知道细心的读者发现没有，杨慎先生用"滚滚长江东逝水"来"起兴"有什么用意呢？我认为有三点：

第一，文明的秩序。黄河、长江都是我们中华民族的母亲河，而这两大文明摇篮的开发有先有后。总的来看，黄河在先，长江在后。他用"滚滚长江东逝水"，表明了历史前进的方向。也正是长江流域的开发，推动着中华文明走上了更高的阶段。

第二，争战的焦点。读完陈寿的《三国志》，你会发现魏武挥鞭、统一北方，战事基本上都在黄河流域，几乎没有蜀汉和东吴什么事儿。曹魏与东吴、东吴与蜀汉的战事，正是围绕着争夺长江控制权这个终极目标展开。

第三，各自的需要。曹操挟天子以令诸侯，挥师长江，为的是天下一统。而孙权的强大，是曹魏一统天下最大的障碍。刘备被曹操打得落荒而逃、奔向长江，抢占荆州三郡，是为了有个自己的地盘。而孙权经父亲孙坚、哥哥孙策的开疆拓土，已成为长江流域的小霸王，于是也想逐鹿中原。刘备后来得了益州，树立了兴复汉室、还于旧都的政治理想，曾借口为关二爷复仇去争夺长江的管制权。素称楚国古都的荆州，成为三国战争的重灾区。当然，长江流域的赤壁之战，烧出了"天下三分"的雏形，也烧旺了曹魏、蜀汉、东吴各自的政治野心。

二

对于《临江仙·滚滚长江东逝水》这首词，我最感兴趣的还有"一壶浊酒喜相逢"。为什么是浊酒而不是清酒呢？据《中华酒典》记录，清酒是与浊酒相对而言的，是反复滤过的浊酒（连糟货），是不含杂质而清澈的酒。古代，"九酝"的清酒主要用于祭祀，浊酒才可能用于饮用。《四川通史》中则有另一种说法，说巴蜀地区用于丧葬的酒，其实是"浊酒"，仅发酵一天一夜即可。这可能是一种"应急酒"吧。

三

读《三国志》，看乱世英豪，如果你再留心一下，就会发现，曹魏的日子最不好过，曹操被人戏称为"灾星"。在赤壁之战中，曹操所占据之地遭遇的瘟疫较为频繁，赤地千里的蝗灾多次光顾北方大地，十年九旱的气候几乎打上了中原标记，只有地震"还算公平"，曹魏有，蜀汉有，东吴也有。

有灾就有害，天灾、地灾、蝗灾，影响的是粮食的收成，兵灾直接就是粮食的"集中消费"，所以曹魏难得实现收支平衡。据说，在三国时代，最先实行军屯军垦的是曹魏，最喜欢偷割麦子的是曹军，最严格执行禁酒令的是曹操。曹操在出征途中马惊踏麦，他居然要"举剑自刎"，众将相劝，才"以发代首"做了个了断。

古人对于头发是非常重视的，《孝经》有言"身体发肤，受之父母，不敢毁伤，孝之始也。立身行道，扬名后世，以显父母，孝之终也"。无论西汉，还是东汉，都倡导的是以孝治天下，"举孝廉"成为官吏选拔最主要的形式。《三国志》的人物传记中，出现频率最高的词是"举孝廉"，好多文臣武将都是"从孝廉中来的"。曹操虽然"以发代首"，不再"举剑自刎"，却要背上不孝的骂名，也是很不划算的。以"孝廉"著称的孔融，我们最为熟知的便是"孔融让梨"这一典故。曹操想杀他却找不到理由，最后只能找人"诬陷孔融不孝"，才得以把孔融"咔嚓了事"。如果从深处分析，这不仅仅反映了曹操的"军令如山"，更多的是曹操把粮食看得比生命还重要。

在古代战争中，最看重的是粮草，所以才有"兵马未动粮草先行"这一说法。这个"先行"不是"先走"，其实粮草都在后面，所以叫后勤，跟现在所说的"经济发展，交通先行"是一样的道理。在曹魏和蜀汉的战争中，除了战将的勇与谋，"有饭吃"是战争胜负的决定因素。东吴与曹魏、蜀汉的战争，"这样的忧愁"就要少得多。诸葛亮及姜维要实行军屯，就是着眼于后勤补给线太长，远水解不了近渴，才会就地屯田创收，解决军粮问题。

曹魏"多禁酒"，而东吴"多酒局"。东吴的文臣武将，他们是胜亦喝、败亦喝，有事没事都要喝，孙权这个人"沉得住气"，称王称帝总是"慢半拍"，是三国中最后称帝的人。曹丕一称帝，刘备就"坐不住"了，急吼吼地称帝。而孙权呢，则不慌不忙地称帝，在曹魏称帝九年后才称帝。而这时，曹魏和蜀汉都早已"换了一届"了。但是，面对酒局，孙权却很放得开，总想把人整趴实，不仅自己豪饮，还有监军祭酒监督别人喝，真是不缺粮就"这么任性"。

三国序幕由袁绍拉开，曹操却捡了便宜。东汉中后期，宦官集团与外戚集团轮流专权，不是东风压倒西风，就是西风压倒东风，仇恨和杀戮在宦官和外戚之间展开。实际上，从东汉的第四个皇帝开始，这场斗争就未停歇过。汉和帝时，窦太后临朝，窦宪执政；汉安帝时，邓太后临朝，邓骘执政；北乡侯刘懿时，阎太后临朝，阎显执政；汉桓帝时，梁太后临朝，梁冀执政；汉灵帝时，窦太后临朝，窦武执政；汉少帝时，何太后临朝，何进执政。六次太后临朝，六次外戚执政。粗略估计，宦官和外戚的斗争真是此起彼伏，而且都有很强的血腥味。

造成太后临朝、外戚专政的局面，最主要的原因是继位的皇帝大多都是"儿皇帝"，最小的不满百日。外戚专政，最大的受害者是皇帝。所以，有幸活到成年的皇帝，都想摆脱太后临朝的阴影，都要从执政的外戚手中抢回皇权，达到亲政的目的。在这时，能帮上忙的，也只有皇帝身边的宦官和少数正直的廷臣。于是，一部东汉宫廷史其实就有半部外戚和宦官的斗争史。

汉和帝永元四年（92年），汉和帝与宦官郑众灭外戚窦氏，窦宪自杀；汉安帝永宁二年（121年），汉安帝与宦官李闰、江京灭外戚邓氏，邓骘自杀；汉安帝延光四年（125年），宦官孙程等人起兵拥立汉顺帝，灭外戚阎氏，阎显被杀；汉桓帝延熹二年（159年），汉桓帝与宦官灭外戚梁氏，梁冀自杀；汉灵帝建宁元年（168年），宦官曹节等灭外戚窦氏，窦武自杀；汉灵帝中平六年（189年），宦官头子蹇硕被外戚何进谋杀，何进被宦官刺杀，袁绍大诛宦官。

汉灵帝虽然荒淫加荒诞，但是，他是东汉中后期几个皇帝岁数活得比较大的。但是，汉桓帝却没有留下任何子嗣。他被迫册立的梁皇后嫉妒成性，自己生不出来，也不准其他嫔妃生出来，怀孕的嫔妃往往死于非命。从这个角度看，汉灵帝为东汉做的"最大贡献"，是添了王朝两个儿子：汉少帝刘辩和汉献帝刘协。

但是，这两个儿子都是"苦命的人"，一个（刘辩）被残暴的董卓废而杀，一个（刘协）被强势的曹操弄得胆战心惊。还好，刘协可能相信"好死不如赖活着"，在东汉十几个皇帝中能活到知天命的年纪。强行让他禅位的曹丕，还死在了汉献帝的前面。从这一点看，刘备说，曹丕杀了汉献帝，进而"为献帝发丧"，也只是他麻痹蜀汉上下的"政治谎言"。

读过《三国志》，你就会明白，拉开三国序幕的，就是汉灵帝中平六年（189年）外戚与宦官的交相诛杀。这个事件的起因是汉灵帝的临终嘱托。他心许的继承人不是长子刘辩而是少子刘协，于是，想请蹇硕去完成他的心愿。谁知何进却抢先一步，把刘辩扶上了皇位，让蹇硕强化了对何进的嫉恨，准备杀掉何进。谁知蹇硕"密谋不密"（出了叛徒），大将军何进迅疾成功谋杀了蹇硕，继而，与袁绍合议，欲将宦官斩尽杀绝。谁知何太后又"软了心肠"了，这一"软"不打紧，"硬"把她哥哥何进的命儿"除脱了"，被宦官一剑刺死，并枭首。

当然，何进的被杀，他的弟弟何苗扮演了"不光彩"的角色。他因宦官集团重金收买而叛变，这样的兄弟啊，在金钱面前，也就忘了同胞的"手足情"了。

袁绍怒火中烧，发动军队在京城大肆捕杀宦官，看见"不长胡子"的人就一刀砍死，吓得京城里好多年轻人脱掉裤子来"验明正身"。据说，这一次杀了两千多人。还好，少帝身边的大宦官张让幸免于难。他挟持小皇帝刘辨和陈留王刘协仓皇逃到黄河岸边，看到宦官尽灭、天下将乱，流下一把辛酸泪，说完"陛下保重"，然后投河自尽。宦官集团终于被彻底剿灭，无法再在名存实亡的东汉朝堂上掀起风浪。

在《三国志》当中，曹魏和东吴很少有宦官乱政的现象，只有蜀汉后期有宦官黄皓擅权的"不良记录"。据说，黄皓十分了得，弄得大将军姜维都不敢回成都。甚至曹魏"兴兵灭蜀"的战报他也敢隐而不报，导致曹魏轻而易举地灭掉了蜀汉政权。举国投降的刘禅到了洛阳，被封为安乐公，在郤正指导下，创造了"乐不思蜀"的成语。宦官黄皓的日子过得怎么样，史书没有记载，悄然消失在历史的烟云里。谯周因劝刘禅投降"有全国之功"，升官。司马炎称帝后应召带病赶赴洛阳，不久病死。

谯周被称为"蜀中孔子"，他的门生陈寿在蜀中不屈从宦官黄皓，也屡遭贬谪，日子过得不舒心。后去洛阳"板凳坐了十年冷"，历经多年完成了纪传体史学巨著《三国志》，主旨跟《三国演义》的开头语差不多，即"话说天下大势，分久必合，合久必分"。但"正统观"却与《演义》"迥异其趣"，《志》以曹魏为正统，《演义》以蜀汉为正统。在《三国志》中，曹操、曹丕等凡是称过帝的，都有《纪》，而蜀汉的刘备、刘禅，东吴的孙坚、孙策、孙权及后来称帝的孙家传人，都跟所有的皇后（夫人）、文臣武将一样的待遇，只有《传》传世。

通读全志，宕渠人有两人入《传》，分别是王平和句扶。王平封"安汉侯"，句扶封"宕渠侯"。现在渠县"贾家寨"为王平建了"衣冢"，碑文上却张冠李戴，把王平的"侯封"记为"宕渠侯"。

汉灵帝中平元年（184年），那个"四世三公"的袁绍，那个能把宦官斩尽杀绝的袁绍，在何进被宦官刺死前，给了何进"召董卓入京"的建议。他们召董卓进京的目的，本是想董卓的军队驻扎在京城外维稳。不想，董卓是不折不扣的西北军阀，肯定不是"省油的灯"，来了就搞起"白色恐怖"，废杀少帝，扶立献帝，还大开杀戒，纵兵抢劫强奸，让东汉朝廷和袁绍先生觉得无异于引狼入室。易中天教授说，董卓其实是袁绍召来的，于是把三国时代"揭幕人"的桂冠直接戴在了袁绍的脑壳上。这种说法，还是"很有见地"的。

州牧就是一州的军政长官。州辖郡（太守）、郡辖县（县长或县令），自郡县制推行以来，"县"都是一个国家最基本的行政单元。光武帝刘秀，曾设置十三刺史部，那时的州刺史，只是纯粹意义上的监察官。后来，州牧压倒了刺史的风头，因为州牧集军政、民政、财政大权于一身，自然把监督郡县官吏和地方豪强的刺史弄得"黯然失色"。当然，刺史有尚方宝剑，他们的后台是至高无上的皇帝。于是，有的刺史成了州牧（州牧入京当京官），有的刺史也官升一级回京养尊处优。东汉末年，刘焉提了一条重要的建议，就是"京官外放任州牧"。

四

前文说到的刘焉，也就是后来的益州牧。《三国志·刘焉传》说："刘焉，字君郎，江夏竟陵人也，汉鲁恭王之后裔，章帝元和中，徙封竟陵，支庶家焉。"他不仅建议"京官外放任州牧"，而且还想"出任交趾牧"，借此躲避战乱，因为交趾"山高皇帝远"。但还没商定成型，侍中董扶悄悄告诉了他一个重要消息，"益州一带呈现天子之气"。古代有相面说，也有望气说。这个"望气说"在秦朝就流行了，秦始皇听说金陵有天子气，不仅毁坏了南京的"龙脉"，还把"金陵"改成了"秣陵"（牧马场）。不过，益州有天子气的说法，正中了刘焉的下怀。于是，他立即请求改任益州牧。

好事说来就来，恰逢益州刺史郤俭横征暴敛，民怨沸腾，朝廷派刘焉出任监军使者，兼任益州牧，还封为阳城侯。董扶也得了一个蜀郡属国都尉的头衔，"国粮库保管员"（太仓令）巴西人赵韪因事免职，于是他们就结伴西行。

哪知刘焉还在"希望的路上"，益州叛贼马相、赵祗打着"黄巾军"旗号，攻进益州杀死了刺史郤俭，帮刘焉完成了"监军使者"的任务。可能马相也知道益州有天子气，便自称天子，抢了刘焉的先机，甚至还有归附者万余人。幸好，益州从事贾龙带兵打跑了这个"张天子"。不过，这个贾龙后来因举兵反叛刘焉，被杀死。来到益州后，刘焉做起了"天子梦"，制造了用于皇帝乘坐的车驾乘具两千余辆。或是因为此举动静过大，也或是因为保密意识不严密，被荆州牧刘表抓住了"小尾巴"，于是"告了御状"。为此，刘焉的儿子先后被处死。还好，汉献帝没有对刘焉之子赶尽杀绝。他的小儿子刘璋，被汉献帝派去对刘焉"诫勉谈话"，却被刘焉强留益州。这个刘璋就是诸葛亮《隆中对》里说的"暗弱的刘璋"。

刘焉帝梦难圆，痛失爱子，又加上天灾惊吓，终于在兴平元年（194年）因痈疽发背而一命呼呜。

后来，刘备抢占益州没有费多大的力气，也正是因为"刘璋暗弱"，又因北面有"张鲁威胁"。《刘焉传》有一段话颇耐人寻味，言张鲁的母亲迷信鬼道，又稍有姿色，经常来往于刘焉家中，故此任命张鲁为督义司马。难道张鲁的官位是她母亲用姿色换来的吗？不得其详。但可以肯定的是，张鲁初期跟刘焉像一家人。后来的"张鲁之忧"，是因为张鲁已投降曹操。其实，刘焉也是一个十足的"道教徒"。他看到益州盛行道教，就有用道教麻痹群众，强化统治的想法。于是，张鲁的母亲才成了刘焉的"座上宾"，而刘焉的妻女因而都成为张鲁母亲最亲近的"道教徒"。

据说，张鲁投降曹操也搞了个"待价而沽"，且产生了神奇效果，被封为"万户侯"。他眼看打不赢曹魏，就封存府库，逃到了巴西郡，依附于当地的巴赉邑侯，最后又带着巴赉邑侯一起投降曹操。这才有曹操派张郃到巴西宕渠县来掳掠赉民，与刘备的巴西太守张飞在渠县的八濛山发生了"宕渠大战"。遍查《三国志》，文臣武将没有被封"万户侯"的记载。张鲁投降曹操，被封为万户侯，他的五个儿子都被封为列侯。曹操此举十分高明，因为汉中对于曹魏太重要了。汉中是蜀汉的北大门，经此进取益州也可传檄而定。刘备曾御驾亲征争夺汉中，也让我们看到了汉中的战略意义非同凡响。

董卓的白色恐怖弄得天怒人怨。中平六年（189年），曹操首先举起反董大旗。曹操不受董卓骁骑校尉之官，改名换姓逃到陈留县，变卖家财、聚居义兵。初平元年（190年），关东州郡同时起兵讨伐董卓，公推袁绍为盟主，曹操行"奋武将军"。但是，这些拥兵自重的州郡大佬，都明白"出头的椽子先遭难"，谁也不想先出手。每日都是置酒高会，空喊反董口号，然各自皆巍然不动。哪晓得，粮食吃完，同盟就作鸟兽散了。

此时的董卓却没闲着，他杀死了弘农王，纵兵烧了洛阳皇宫，还挟持汉献帝迁都长安。读过历史的人都会知道，古代的屠城和焚城，大多是最极端的泄愤手段，也是对人类和历史的最大戕害。那个参与"楚汉相争"的项羽，也曾火烧咸阳城，大火竟然三月不绝。当时，司徒王允利用美人计，激怒吕布，离间了董卓与吕布的关系。就这样，董卓死在了他的义子吕布手上。哪知董卓死了，京城却更不安宁了。董卓的部将李傕、郭汜杀回长安，斩了王允，吕布则逃出武关，到南阳投奔了袁术。朝政由李傕、郭汜轮流把持，他们自己内部又明争暗斗，献帝就像个物品一样，在他们之间被"抛来抢去"。董卓死了，吕布逃了，没有了共同目标，就出现"槽里无食猪拱猪"的现象，各路军阀开始各怀心思，分分合合，相互攻伐。

据观察，战乱频临的那几年，三国的"巨头们"都开始走上前台亮相，曹操收获满满，孙策进入江东，刘备好像"墙头草"，好像还没拿定主意。这样过了几年，汉献帝的生活露出了曙光。建安元年（196年），太祖（曹操）时任兖州牧，毛玠给他提出了一个重要建议，"奉天子以令不臣"，成就称王称霸的大业。曹操把这个建议拿来"民主讨论"，结果反对的占绝大多数。谋士荀彧说："拥戴天子以赢民心，是大顺；秉持公心使天下豪杰归服，是大略；主持正义以纳英雄，是大德。有了这'三大'，何愁大业不成呢？。"于是，曹操"力排众议"，决定迎接从黄河东归洛阳的汉献帝于许都。这两个谋臣，分别用了"迎"和"奉"两个词，从历史的走向来看，并不是"奉天子以令不臣"，而是"挟天子以令诸侯"。"奉"与"挟"，判若云泥，表明的是不同的政治态度。所以，在曹操封公称王的时候，毛玠和荀彧都被赐死或杀死。有人说，他们是真正的汉室忠臣，也就肯定是曹操的"政治敌人"，他们死于"政治理想"的破灭，也看透了曹操篡夺汉室的政治本色。

皇帝真是个香饽饽。事实上，袁绍也曾有迎封天子（汉献帝）的想法，其谋士郭图就曾如此建议他，但未被采纳，后来他又后悔不迭。远在东吴的孙家亦然，其下谋士张昭也有所建议，但未被采纳。刘备那时"自己的稀饭还没有吹冷"，估计也无心他顾吧。因此，只有曹操看得准，出手快。不过，袁绍没有一直无动于衷，而是在曹操迎接献帝的路上，派兵拦截，企图硬抢，但没有成功。尤其是曹操因迎接天子得了实惠的时候，袁绍心中更是"冒酸水"。他建议曹操，把汉献帝迁到鄄县，方便大家朝拜。这个请求，被曹操断然拒绝。他立即给曹操写了一封信，言辞傲慢。或许是信中内容过于出言不逊，曹操见信后骤然脸变色，心不乐。不过，彼时的曹操也没办法，因为袁绍已经兼并黄河以北各郡县，天下人都畏惧他的强大。最终，曹操"只好打让手"，把大将军职务让给袁绍，以平息袁绍心中的怨气。但是，袁绍觉得大将军是曹操让的，也没多大的荣耀可言，就没有给曹操"打收条"。

曹操虽然惧怕袁绍，但又有统一天下的野心。谋士荀彧、郭嘉等人在分析敌我形势时提出的四胜之议、十胜之议，让曹操茅塞顿开、信心倍增。可以说，简直是说到他心坎上去了。也正因此，曹操与袁绍的"官渡之战"取得完胜的最佳战绩，成为古代以少胜多的典型战例。官渡之战，荀彧的确有不朽之功。"信心比黄金更重要"，要战胜强大的敌人，首先必须自己有个"强大的内心"。只可惜那个给袁绍献上万全之策的谋士田丰，袁绍不听他的建议也罢了，还以扰乱军心的名义，给他戴上脚镣手铐，投入大牢囚禁起来。溃败回来的袁绍，不但不深刻检讨自己的过失，又怕田丰耻笑丢了面子，于是干脆把田丰杀掉。"面子问题"真是害死人啊！

曹操战胜袁绍后，又相继解决了袁谭、袁尚两支军事力量。袁绍死后，因没有及时立嗣，导致内部矛盾尖锐而分裂。曹操"坐山观虎斗"，暂停征伐，让他们内讧，消耗力量。一方面用"约为亲家"的方式拉拢袁谭，形成"统一战线"，另一方面待袁尚被消灭后，又撕毁婚约，全力收拾袁谭。曹操在剿灭袁绍集团后，还专门下了一道命令，声称没有他的命令一律不准擅自进袁府。有人对这道命令做了"过度解读"，说曹操早就心仪袁绍的儿子袁熙的老婆。曹丕进袁府抱得美人归，曹操很生气但也无可奈何。更有甚者，还说曹植因此精神失常，写出了《洛神赋》。

曹操征讨徐州牧陶谦的事，也值得一说。曹操的父亲曹嵩本姓夏侯，过继给大宦官曹腾后改为曹姓，于是才有了曹操（否则可能叫夏侯操）。曹嵩十分贪财，在京城大乱大家都在逃命的大背景下，他居然不顾生命危险，在那里慢条斯理地变卖家产（曹操催促也无效）。及至后来，曹操想接他父亲去见面。曹操跟陶谦"办了交接"（打了招呼），陶谦虽然对曹操心有不爽，但还是很重视，专门派出一个小分队去接送。兵士们看见曹嵩有那么多的财物，就见财起意，且恶向胆边生，杀人越货后，跑得连影子也找不到。曹操听闻噩耗，就把杀父之仇记在了陶谦的账上，"徐州之征"在所难免。陶谦冤死自不必说，徐州人民就更是冤大头了，曹操又把杀父之仇记在徐州人民头上，城破之后疯狂屠城。这一战的余绪是，擒杀了吕布，收降了刘备。先前，吕布因"辕门射戟"救了刘备的命。现在，示意刘备向曹操求情免死。刘备却说"别忘了丁原董卓之祸"（吕布先后杀了义父丁原和董卓）。于是曹操命令军士"咔嚓了吕布"。吕布痛骂"大耳贼"刘备，而刘备正襟危坐。及至后来，有了与曹操"青梅煮酒论英雄"的故事。

袁绍集团是曹魏的强敌，解决了这个问题，就了却了曹操的心头大患，这为他完成北方的统一奠定了最坚实的基础。地盘大了，兵将多了，赋税足了。这时，曹操也"干得更欢了"，"以天子之命"征伐各诸侯（割据军阀）的军事行动越来越频繁，力度越来越大，收效也越来越好，这让各地军阀都看到了"皇帝的重要"（仿佛一股无形的力量），对曹操收获的战果，各路军阀都有点儿"羡慕嫉妒恨"。

五

易中天先生在《三国纪》的开篇说：英俊潇洒的袁绍，原本是作为新世纪的揭幕人走上前台的。然而就连他自己也没有想到，正是由于他的引狼入室，不但把士族地主阶级的时代推迟了半个世纪，还让自己和众多的人变成军阀。诚哉斯言！

外戚集团和宦官集团，通过东汉末年大规模的血腥厮杀，已经两败俱伤（元气难再恢复）。皇帝还在，朝臣还有，这几乎跟每个正常王朝的形制基本一样。本该"居庙堂之高则忧其民，处江湖之远则忧其君"的大臣们、武将们，都热衷于去"占山为王"，每个人都占据着一亩三分地，形成割据状态。把这种状态坚持得最好的是荆州牧刘表，"坐拥江汉之间，静观天下之变"。然而，他们又不满足于此，总惦记着别人的一亩三分地，造成了彼此间的混战。最受伤的也还是荆州牧刘表（树欲静而风不止），"不怕贼打扰，就怕贼惦记"，荆州像块肥肉（战略要地），大家都想"吃一嘴"。一部三国史，搅起了两场声势浩大的荆州风云，荆州就是"天下三分"的微缩版，荆州牧的官帽也数易其主，所以刘表要吐血而死（完全是气死的）。

我们也看到，一个"孝"字走遍了两汉的大好河山，也把这种观念渗入到文人学士的骨髓里。《孝经》在一番"孝之始、孝之终"的训导后，得出了"夫孝，始于事亲，中于事君，终于立身"的结论。从刘邦不再轻慢儒生，开始重用士子，到汉武帝罢黜百家、独尊儒术。文人学士们迎来了仕进的春天，"学而优则仕"成为封建时代的黄金定律。我们都知道，"马上打天下"（武将吃香），"马下治天下"（文官受用），"军功地主"的时代必然被"士族地主"的时代所取代。这是常理。但是，东汉末年，"袁绍们"都当军阀去了，朝廷无序，社会混乱，带来的必然是天下动荡。

我们前面说到董卓，他也不是一无是处。汉灵帝发起的第二次"党锢之祸"，为祸多年，事件的终结者就是董卓，他提拔任用了一大批文武官员。但最讽刺的是，这些他提拔上来的文武官员却也在后来举起了反董的大旗，代表人物就是"袁绍们"，当然也有曹操（但不知名），只是个"行奋武将军"（非正式，代理）。其实董卓也不傻，他比曹操更早知道皇帝的重要，废少帝，立献帝，想把皇帝掌控在自己手里。不像曹操，还要毛玠的"点醒"和荀彧的"建议"。当年赤壁之战，曹操给孙权的信第一句话就是奉命征伐。正是这个"奉命征伐"，让曹操心中升腾起正义的力量，孙权和刘备则无异于乱臣贼子，更莫说"袁绍们"（军阀）。他不仅想统一北方，还想剿灭了蜀汉和东吴。而在孙权和刘备的心中，曹操名为汉相，实为汉贼，已经统一了北方

（捡了个大便宜），天下都吃了一大半了，但还不知足，一双眼睛总是贼溜溜地乱转。

汉魏"国家主持人"的喜怒哀乐，决定着历史前进的方向。从观众的角度看，三国演义的序幕还是很长。为争夺荆州而惹起的赤壁之战，曹操为一方，孙、刘为另一方。如果不是因为一场瘟疫（不知是什么病毒），不是因为北方人不善水战，不是因为黄盖的火攻之计（《三国演义》把功劳记到周瑜和诸葛亮头上），不是"周瑜打黄盖"的苦肉计。曹操或许不会黯然北返，或许也会挥师东进，让史册上有"百万军队过大江"的记载。可以说，"孙刘联盟"是曹操逼出来的，"天下三分"是孙刘争出来的，曹孙刘的赤壁之战，奠定了"天下三分"的雏形（连荆州也被"三家分晋"）。加上曹魏与蜀汉的"汉中之战"，才基本框定了"天下三分"的疆界，这个疆界是战争打出来的，也仿佛是天有定数。除了后来的关羽大意失荆州，无论什么战事，包括诸葛武侯的"六出祁山"，曹孙刘三家都基本未能大规模地开疆拓土。

从严格意义上来说，"三国鼎立"是要当事人都各自称帝的情况下才能成立的。但这就会把曹操排除在外，因为曹操一生都没有称帝。当然，曹丕称帝后把曹操追认为武帝，这也符合传统的规定，曹操也可纳入"国家主持人"的范畴。《三国志》也是这样写的《武帝纪》，而且有"太祖""曹公""魏王"等称谓。要说陈寿也不够"尊重历史"，把刘备、刘禅称为"先主"和"后主"，也还说得过去，把本已称帝的孙权（以前的孙坚和以后的孙亮等），都直接点名道姓，没有为尊者讳，失却了古人风范。是不是因为陈寿是益州人，先侍奉蜀汉再归附曹魏，而东吴跟他一毛钱的关系也没有？有研究者说，虽然陈寿秉持的是"曹魏正统论"，但是，他可以明修栈道、暗度陈仓，"尊刘抑曹"的倾向仍然较为明显。我读《三国志》时，也看出了这种端倪。

我还发现一个有趣的现象，人们说三国时总习惯按照魏、蜀、吴的顺序，陈寿的《三国志》在《纪》《传》上也是这么排的次序。如果从称王的顺序看，也是曹魏在先，然后依次是蜀汉、东吴。216年，汉献帝册封曹操为魏王（名为汉臣，实像皇帝）。219年，刘备在诸葛亮等人的劝说下自立为"汉中王"。虽然跟项羽封刘邦为"汉王"的管辖地域一样，但是刘备却只称"汉中王"不称"汉王"，是深思熟虑的结果，体现了高超的政治智慧。他既怕"背骂名"，又怕曹操和孙权"说孬话"。222年（月份不详），魏文帝曹丕册封孙权为吴王。值得注意的是，这个"吴王"是曹丕册封的，孙权实际上不是"大汉的吴王"，而是"大魏的吴王"。孙权称臣于大魏，是想在蜀国"弄他嘎嘎"（攻打他）时，可以得到曹魏的庇护。如果从称帝的顺序看，220年曹丕在洛阳称帝改元，让那个"建安年间"的说法成为历史，史称曹魏。221年刘备在成都称帝，为的是"延续汉朝天命"，史称蜀汉。229年孙权称帝，国号"吴"。而从皇帝死亡的顺序看，220年曹操"归西"，223年刘备"驾崩"，226年曹丕"登仙"，252年孙权才最终"不豫"。我们可以看出，三国的历史跟我们的语言习惯惊人的相似。

有人说，曹操"挟天子以令诸侯"，有天子（汉献帝）、有朝廷，还有魏王、汉中王、吴王（只称王，没有称帝）。皇帝虽然是个"草树桩桩"，但臣子们也要"摇一摇"（有所畏惧）。《三国志》当中表荐、表奏、奏议仍不绝于耳，曹操虽然位高权重，但也还是汉献帝的丞相。这样一说，汉献帝依旧处在正统之位，其"洛阳政府"也基本在正常运转。诸葛亮《隆中对》说，东吴"据有江东，已历三世"，有明显的"家天下"标志，可以说是"家族政府"，而且还相对富庶（战争中没有出现军粮之忧）。蜀汉呢？说是一国，其实只有一州，但是麻雀虽小五脏俱全，可以算个"流亡政府"。据《三国志》载，三国鼎立的时代，也出现过"天下两分"的历史事件。据《三国志·邓芝传》，223年，诸葛亮派邓芝往东吴，巩固孙刘联盟。邓芝把孙刘联盟的有效期延长了许多年。229年，孙权称帝，觉得有点儿"不好意思",遣使入蜀,想与刘禅"并称二帝"。据《三国志·后主传》载,"是岁,孙权称帝,与蜀约盟,共交分天下"。诸葛亮派遣陈震入吴,签订孙刘联盟的第一个书面协议。据《三国志·陈震传》记载,"震到武昌,孙权与震升坛歃盟,交分天下:以徐、豫、幽、青属吴,并、凉、冀、兖属蜀,其司州之土,以函谷关为界"。从后来的历史发展看,这个条约只是"纸上谈兵",但还可以作为说三国史的一段笑料,比"楚汉相争"的"鸿沟"(楚河汉界)更没有实际意义。

说到"国家主持人",汉献帝是最独特的一个。哥哥刘辩(少帝)继立,就惹起了宦官集团和外戚集团的大决战。血雨腥风,惊悸未定,董卓带兵前来,更吓得瑟瑟发抖,不能言语。刘协(献帝)从容自若、流利答对,入了董卓的法眼,也成了董卓立威的道具。董卓擅自废立,废杀少帝,立了献帝,让他成为东汉王朝最后一个"国家主持人"(也有曹丕的功劳)。苦难的生活还没过完(缺衣少食逃亡像难民),主动称臣的曹操"迎天子于许",他就过起了"名誉主席"的苦痛日子。虽几经挣扎,除了付出"国丈"和族人的性命外,还看见怀孕的伏皇后披头散发地被华歆揪出。他求情而不得(不是下诏令),只有一声叹息:"我的命也不知能活到几时啊。"随时都有被废被杀的危险,这样的境地真是生不如死。这时,在掬一把辛酸泪的同时,是不是应该赞一声:"曹丞相'操纵'得好呀!"

好在曹操对汉献帝还是很不错的呢,居然把自己的三个女儿同时嫁给他。据说,他(汉献帝)只收了两个。还下诏令说"最小的养大了再送进宫来"。汉献帝也投桃报李,曹操一路高升,把曹丞相封公封王,直至享受大臣"三项特权",再到几乎成为"摄皇帝"(享受皇帝一样的待遇),献帝的报恩式赏赐几乎没有停止。据《三国志·武帝纪》记载,献帝每次赏赐曹操都要下诏,赞扬曹操的"超然之行、超世之功"。

曹操去世后,汉献帝被曹丕"接管"。这个"舅子不是人",又要夺权，又要献帝心甘情愿地禅让。好在曹丕也没下死手（杀死或赐死），还把他封为山阳公，可以"形同汉仪"，宛若皇帝一般。或许他已经看透人生，居然生活得有滋有味。曹丕去世时时，他依然健在，直到234年才走完独特的人生。

六

接下来，我要说说魏国的"主持人"。曹操，字孟德，一名吉利，小字阿瞒，沛国谯县人。东汉末年著名的军事家、政治家和诗人，"三国"时魏国的奠基人。汉献帝"被禅让"，曹丕称帝后，追尊其父为魏武帝，显然没有尊重曹操只做"周文王"的夙愿，因为曹丕自己是"魏文帝"呢。因此，后人直接把曹操称为"魏武"。

曹操《观沧海》："东临碣石，以观沧海。水何澹澹，山岛竦峙。树木丛生，百草丰茂。秋风萧瑟，洪波涌起。日月之行，若出其中；星汉灿烂，若出其里。幸甚至哉，歌以咏志。"我曾想去渤海湾追寻碣石山，结果无功而返，因为碣石山汉朝时还在海边，六朝时已"自沉大海"了。但我们还能到领略魏武"东临碣石"的遗篇。曹操的诗，写于建安十二年（207年）北征乌桓凯旋的路上。这是曹操的"言志诗"，表达的是"老骥伏枥，志在千里"的人生取向。《资治通鉴》说，汉献帝建安十二年，曹操进军讨伐乌桓，辽东太守公孙康杀袁尚、袁熙。还是在这一年，刘备开始三顾茅庐请诸葛亮出山，此后才有了刘备的"茁壮成长"。

曹操的出身问题是个敏感问题，《三国志·武帝纪》帮他找到的远祖是西汉相国曹参，证明了曹操本姓曹。但接着又"自相矛盾"，说桓帝时，曹腾（操祖父）任中常侍大长秋，封为费亭侯，养子曹嵩（操父亲）继承了封爵，曾官至太尉，但没有谁知道他是从谁家过继来的，曹嵩生子曹操。也有说法是，曹嵩本姓夏侯，过继给大宦官曹腾，改姓曹。难怪在曹氏阵营有那么多夏侯氏将军，且是"曹操的死党"。曹操宦官之后的身份，让曹操抬不起头。关东反董联军的盟主袁绍最瞧不起曹操，他麾下的笔杆子陈琳写的《为袁绍檄豫州文》，从曹操的祖父（宦官曹腾）骂起，首先点明了曹操"宦官后裔"的身份，然后，一番嬉笑怒骂，"批骂之精辟，论罪之尽底"，可谓是三国文学里的一篇奇文。曹操读罢此文，禁不住怒气攻心。《三国演义》里言，说来也巧，曹操正在发作头风病却"气好了"。后来，陈琳归顺曹操，曹操"板起脸"说，你骂我就可以了，还要骂我祖宗八代（太不厚道）。陈琳连忙道歉，曹操也就"爱其才而不咎"。

曹操既是官二代又是富二代，放在现在也"不可小视"。有人说，别让才能配不上野心。我看曹操"既有野心，更有才能"。"魏武挥鞭"统一北方，还总是觊觎江东和西蜀，成就了"出将入相"的美名。纵观曹操的一生，我认为还是许劭看得准：曹操不是奸雄却是英雄。有句俗话"说曹操，曹操到"（说来就来），你知道还有下句吗？下句是"当面错过，岂不好笑"（讥讽吕布）。这也是有典故的。濮阳之战，吕布问曹操"曹操在哪里"，曹操随手一指说"前面骑黄马的就是"（假曹操），吕布飞马追去，"真曹操"捡了一条命。当然，曹操留给我们的文化遗产，还有很多。最著名的就是"望梅止渴"的机智之举和"青梅煮酒"的闲情逸致。

曹操经常下达"禁酒令"，除了节约粮食的政治和战略考量外，至少说明他不是个"好酒之徒"。很有趣的是，在《三国志》中，确实没看到曹操醉酒的记载。但是，他却是个"好色之徒"。据《三国志》，曹操正妻及后宫，可考者有 15 位，野史记载还有一位。而且，至少有 4 个是"抢"的别人的老婆。曹操有多少个儿女？据说是 31 个儿女，还不包括养子，他们的母亲也是曹操打胜仗时"抢来的"。据《三国志》，当时的婚制规定的结婚年龄为 13 岁（还不成熟），而别人的老婆尤其是军阀的老婆，除了貌美，肯定成熟（成熟才有风韵）。

曹操"抢"，曹丕也"抢"。曹丕"抢"的是袁绍儿子袁熙的老婆甄氏。这个甄氏，后来命运也不好。如果再往深里追究，"曹操们"（包括孙权、刘备们）杀其男人，抢（抚）其妻妾，也是出于"安定团结"的考虑，说明白点儿就是政治联姻。这种"约为亲家"的政治婚姻，在《三国志》中多有出现。这样的"约定"一出现，敌我双方就化干戈为玉帛了。不同意"约定"，或许就会走向反面。关羽不同意孙权"约亲"，导致孙权"发兵来攻"。孙权觉得很丢面子，这又是一个"面子问题"害死人的案例。

曹操抢来了一个老婆，即张济之妻、张绣婶娘，同时也气走了一个老婆。这个老婆就是丁夫人，曹操的原配正室夫人，因自己不能生育，很喜欢卞夫人生的儿子曹昂，这也是曹操的长子。哪知因为在曹操抢妻的战斗中，把长子曹昂"弄丢了"。丁夫人因痛失爱子而与曹操反目成仇，曹操曾多次去迎回，丁夫人都死不回头。据说，丁夫人决然离去，曹操要执意迎回，为的是另一个女人（陪嫁的女孩），她琴弹得好、人也乖巧，曹操喜欢和她"性娱"（这个词不知何指）。曹操只好与丁夫人签订离婚协议：婚娶各管各。于是卞夫人得以顺利转正。《三国志》把这件事记载为：建安之初，丁夫人被废，太祖遂立卞氏为续室。当今社会，有人批评"男人都想三妻四妾"是有一点儿历史根据的。有人戏谑说，我国古代实行的是"一夫一妻多妾制"（夫乃夫人），并不是我们现在说的"一夫一妻制"（夫乃丈夫）。据说，妻妾区分十分严格，妻就是妻，妾就是妾。娶妻与纳妾的礼仪都不同，妻不幸死了，妾也不能转任为妻。要想有"妻"，必须重来一次名媒正娶（一般在妾之外选择）。西晋武帝司马炎还专门下诏：不许以婢妾侍女转为嫡正。

曹操几乎一生都在打打杀杀，三国时著名的"三大战役"，官渡之战、赤壁之战、夷陵之战，曹操就参与了两个，"官渡之战"以少胜多、挫败袁绍；"赤壁之战"强被弱败、黯然北回。但夷陵之战，曹魏只作"壁上观",因为曹操已和袁绍一样成了"棺中枯骨"。而曹丕称帝不久,正在作战略调整。当然,也有瘟疫流行的因素。曹魏坐山观虎斗,希冀的是孙刘两败俱伤。陆逊在夷陵大败刘备,蜀汉已经气息奄奄,而东吴却因此雄姿英发。曹丕的战略调整的要点是:对吴国用攻势,对蜀国采守势。而蜀国呢,因为孙刘联盟的巩固(尽管孙权已经对魏称臣),则"一心扑在北伐的事业上"。略去那些战争不说了,因为我也讨厌战争。

七

对于曹操,我还想说两件事。

一是他的《短歌行》。"对酒当歌,人生几何?譬如朝露,去日苦多。慨当以慷,忧思难忘。何以解忧?唯有杜康。青青子衿,悠悠我心。但为君故,沉吟至今。呦呦鹿鸣,食野之苹。我有嘉宾,鼓瑟吹笙。明明如月,何时可掇?忧从中来,不可断绝。越陌度阡,枉用相存。契阔谈䜩,心念旧恩。月明星稀,乌鹊南飞。绕树三匝,何枝可依?山不厌高,海不厌深。周公吐哺,天下归心。"这是曹操代表作之一,你看这是不是活脱脱一个"招聘广告"呢?作诗的时间是建安十三年(208年)冬月十五夜(满月之夜);作诗的地点是长江北岸的大型战船上;作诗的缘由是摆酒设乐,款待众将。诗歌的起兴是:曹操先以酒祭奠长江,随后满饮三大杯(浊酒,度数低),回忆人生的辉煌(统一北方、征伐南方),然后"横槊赋诗"。一看大家就知道了,这是赤壁之战的战前动员(共天下,享富贵)。

赤壁之战的惨败让曹操始料未及,痛定思痛,他还是觉得"人才可爱"。于是,在建安十五年(210年)春首次下达求贤令,又在当年冬修建集贤院(铜雀台)。求贤令还有第二次、第三次,这些"求贤令"突出的特点是唯才是举、不问品行。言外之意就是:只要是个人才，"鸡鸣狗盗之徒"又何妨呢？齐国的孟尝君不也是这样吗？桓公"必德"能称霸吗？这或许跟曹操由"小混混"而"举孝廉"的道理一样。也有学者说：曹操"唯才是举、不问品行"，是想"不拘一格用人才"。真是公说公有理、婆说婆有理。我只有无语了。

曹操的用人观，后人毁誉参半。但通过三次"全国求贤"，曹操身边人才济济、猛将如云，这在三国中是绝无仅有的繁盛景象。曹操遇到人才有三个"标准动作"：一是拉拉手，二是抚其背，三是说一句话"这是我的子房啊"（或者张良、萧何、樊哙等西汉杰出人物）。这三个标准动作仿佛一剂"勾魂散"，马上产生奇特效果：忠臣（良将）立即有了得遇明主的感觉。记得小时候，我们用刮子给奶猪儿抠背，它也会温顺地倒在我们的脚下。不知你注意到没有，现实生活中"握手并抚背"的一定是好朋友。与领导握手时，他如果握着你的手，拍拍你的背，那么祝贺你，领导非常欣赏你。东吴君王遇到人才也有"标准动作"：马上去拜见对方的高堂，立即成为"生死相依的兄弟"。东吴孙权还有笼络人才的高招，包括显贵其家人，厚赐其家室。让你觉得不好好跟他干，就辜负了他的恩情。我阅读时也在思考，这三国之中，是不是东吴人的家庭观念更强呢？是不是更重视高堂（母亲）呢？

二是三国时期的瘟疫。前面我们说过曹操逝世，曹丕称帝都在建安二十五年（220年）。据《三国志》，纳入纪传的共120余人（有的是合传），有资料说，在这一年三国著名人物就有17人与世长辞。我们前面说过，建安十三年（208年），曹军因感染瘟疫而在赤壁之战铩羽而归。又据《后汉书》，建安二十二年（217年），大疫。大到什么程度？有资料称，是年以河北邺城一带为中心，暴发了鼠疫、流行性出血热、伤寒等多种瘟疫，人传人、户传户，疫情蔓延于长江以北和江东安徽一带，人口大量死亡，很多地方"十室九空"。死亡的多是老百姓，但贵族和大户也未能幸免。"建安七子"中，除孔融、阮瑀外，其他几人均死于这次瘟疫。曹植《说疫气》说："建安二十二年，疠气流行，家家有僵尸之痛，室室有号泣之哀，或阖门而殪，或覆族而丧。"曹丕说："得知陈琳他们都死了，我心里好难过！"张仲景《伤寒杂病论》说："余宗族素多，向余二百，建安纪年以来，犹未十稔，其死亡者，三分有二，伤寒十居其七。"。

据不完全统计，从汉桓帝刘志至汉献帝刘协，记载有疫病流行17次。金兆丰先生在《中国通史》说，汉桓帝永寿二年（156年），全国户数是1607万多户，人口是5006万多口。到三国末年，魏蜀吴合计只有户数149万多户，人口剩下560万多口。可见，"十室九空"，此言不虚。据说，这场瘟疫，曹魏受伤最重，东吴次之，蜀汉因为北有秦岭阻隔曹魏，东有长江"隔离"东吴，因此受伤最小。也因为瘟疫流行，三国鼎立的局面延长了几十年。

所谓"名不正、则言不顺"，曹操还不算曹魏真正的"主持人"。一心只做周文王的曹操，跟很多皇帝一样，喜欢把好事留下给儿子做。有趣的是，曹魏真正的"主持人"曹丕把曹操追认为武皇帝，是不是曹丕不想当周武王？抑或是曹操其实更像周武王？不得而知。对于曹丕及其以后的曹魏"主持人"，我就说简单点儿。曹丕不像曹操那么"爱装"，曹操去世的当年，他从魏太子到魏王到魏帝让汉献帝"禅位"，成为东汉的终结者。可惜曹丕命不长，刚踏进不惑之年就死了。他的主要功绩是推行了"九品中正制"，从此这样的"官制"就通行于后世。他继承父亲的遗志，发表了著名的论断：葬就是藏，藏就是让别人看不见。他认为，汉代的陵墓没有不被挖掘的，祸害的根源就是厚葬和造陵植树。为此，他提倡"不造坟，不植树"，"陪葬品"不准用金银玉器，全部用陶器。他也节俭得"有些过分"，把用于防腐的炭灰也要求省去。他做得"最不厚道"的一件事情就是，不仅对甄氏始乱终弃，还要把她直接赐死，让接班的太子痛失爱母。

曹叡（魏明帝），可能是当太子时间最短的一个皇帝。黄初七年

（226年），曹丕病危才被册立为太子，曹丕驾崩，叡遂即位。曹丕被立为太子比较晚，那是因为曹操的犹疑不决（五心不定）；曹叡立为太子迟缓，则是因为他的生母甄氏被赐死。"上任伊始"就追赠生母甄氏为文昭皇后，他还是"名副其实"（睿智）。青龙二年（234年），蜀汉诸葛亮率大军出斜谷，进驻渭南，大将军司马懿指挥魏军迎战，两军在渭水对峙。曹叡诏令司马懿坚守不出，拖垮蜀军，还在司马懿上表要求出战时，派出监军辛毗坚决执行诏令，结果"拖死了诸葛亮"（病逝五丈原），蜀军无功而返。也是在这一年，山阳公刘协（原汉献帝）病逝，曹叡亲自前去"素服志哀"，追谥山阳公（刘协）为"汉孝献皇帝"，以汉代天子之礼安葬了他。若汉献帝地下有知，也该感激涕零吧。曹叡也有乃爷之风，青龙四年（236年），诏令设置"崇文观"（曹操修建铜雀台），征召天下善于"舞文弄墨"的人进观，成为一道风景。

在《三国志》中，汉代的皇帝穿绯衣（朱衣）、穿红鞋，或许曹丕（文帝）也是这样的穿着打扮。但到曹叡（魏明帝）时，他认为魏王朝占有"地统"，服色应该尚黄，于景初元年（237年）诏令改正服色。"国之大事，在祀与戎"。为此规定，祭祀所用猪牛羊借取白色，逢战事，乘黑首马、举大红旗，朝会则用纯白色大旗。

曹叡还是很看重亲情的。太和五年（231年）下诏说："文帝不准分封的诸侯王住在京都，我已有12年没见到各位诸侯王了，特令诸王及公侯各将嫡子一人送到京都来见我。"曹叡比曹丕还短命，临终托孤司马懿、曹爽辅佐太子。

曹芳即位。在他的任上，实在没有什么好说的，只有这几件事值得说一说。一是嘉平元年（249年），司马懿奏免大将军曹爽和他的三个兄弟，后又以曹爽被免职后怨恨朝廷、图谋不轨，逮捕了曹爽及其信任的一帮文臣武将，并诛灭三族。二是嘉平三年（251年），司马懿走完他辉煌历程而告别人世，其司马师为抚军大将军，总领尚书事，完成了司马家族的权力换代。三是曹芳被"打回原形"。嘉平六年（254年），司马师谋废少帝，皇太后切责曹芳失德、不能承受天命、祭祀宗庙，逼其退位。同时，皇太后决定，让曹芳去做齐王。至于曹芳怎样失德，史书上只有太后的一面之词。我估计是少帝不满太后临朝，想自己当家做主，双方产生了激烈的矛盾冲突吧。他"再做齐王"后怎样郁闷地活着，郁闷了好长时间，史书都没有记载。

接下来的两个皇帝：曹髦和曹奂。在《高贵乡公纪》和《陈留王纪》里，你会读出司马家族正一步步逼近权力的巅峰，从司马师到司马昭，再从司马昭到司马炎。皇帝曹奂虽然没有惊天之功，但却经历了两件惊天之事：一是景元四年（263年），邓艾、钟会、诸葛绪三路大军伐蜀取得胜利，继而刘禅（蜀后主）投降，蜀汉灭亡。"三国鼎立"的格局，因为西蜀的覆亡而画上句号。二是咸熙二年（265年），魏王朝的天禄永远地结束了，曹奂禅位给司马炎，跟汉献帝禅位曹丕的模式一模一样。历史教科书说"三国归晋，短暂统一"。西晋，因为"八王之乱"，没过几天安生的日子就变成东晋。

曹魏"主持人"那些事儿，跟他们的后宫紧密联系。据《三国志》，曹魏的后宫基本平静，但也有些事儿可说。曹操的卞皇后出生于"倡优之家"（很贫贱）。刚开始，曹操把她纳为妾，证明"有妻之后只能纳妾"。文帝曹丕还引用《易经》，发出"特别声明"：不能让妾成为妻子。曹丕在冀州平定时抢到的甄氏，是曹丕的正妻，为曹丕生了一儿一女。黄初元年（220年），汉献帝刘协禅位给曹丕，还"锦上添花"，把自己的两个女儿送给他，增加了后宫的"热闹程度"。甄氏因为曹丕喜新厌旧而心生怨气，被曹丕赐死，态度坚决地将郭夫人立为皇后。明帝的虞氏没被册立为皇后，竟对太皇太后（文帝郭皇后）大声抱怨：曹氏从来好立地位低贱之人为后。可怜的虞氏就因这句话"摊上大事儿"了，明帝闻言大怒，将虞氏废还邺宫，再狠心地逐出皇城洛阳，并发誓永不相见。你看这些皇室，有时也会像老百姓小夫妻闹矛盾一样。在《三国志》中，我曾看到"阴婚"现象，都是发生在帝王世家。嘉平三年（251年），曹叡爱女早夭，与甄氏已死堂孙相配为夫妻，合葬在一起。但三国时期，民间也有这种婚俗吗？不得而知，但我估计的结果应该有。

在《三国志》中，我还发现美女比美玉更值钱。汉制规定，皇帝的正妻称皇后，其余的女官、嫔妃又分为十四个等级。魏王朝对汉制"亦步亦趋"。但也有所创新，最突出的变化是在皇后之下增加了夫人，地位仅次于皇后。明帝则"大胆创新"。《后妃传》说，淑妃地位等同于相国，爵号和诸侯王一样；淑媛地位等同于御史大夫，爵号和县公相同；昭仪爵号等同于县侯；昭华爵号等同于乡侯；修容爵号等同于亭侯；修仪爵号等同于关内侯；婕妤爵号等同于中两千石；容华爵号等于真两千石；美人爵号等同于比两千石；良人爵号与千石同。

八

吴、蜀的"国家主持人"也是三国时代的乱世英雄。按照陈寿在《三国志》中排定的"魏、蜀、吴"的顺序，虽然未被纳入陈寿先生的"正统"，但蜀汉和东吴毕竟都是国家，这是既成事实。就像事实婚姻，虽得不到法律保护，但毕竟有婚姻的实质。既然是笑谈"三国"那些事儿，为了为文的完整性，还是把蜀先主（刘备）和后主（刘禅），还有东吴的孙权，列入"国家主持人"的范围，也说一说他们的三国故事。

俗话说"千里不同风，百里不同俗"，但魏、蜀、吴的国家体制却基本一样，尤其是裂土封王，都要使用"五色土"。五色土是指青、红、黄、白、黑五种颜色纯天然土壤，更是华夏传统文化的典型符号。"五色土"的使用，在《山海经》《禹贡》《周礼》《史记》等历史文献中都有记载，多用于诸侯建国立社、帝王封禅等重大仪式。以"五色土"建成的社稷坛包含着古代人对土地的崇拜。五种颜色的土壤，由全国各地纳贡交来，以表明"普天之下，莫非王土"之意。"社稷坛"是古代帝王江山社稷的象征，也喜欢跟"江山"一起连用，因此江山社稷成为王国的代名词。而"五色土"代表五方（东南西北中），它与我们经常所说五色（青红黄白黑）、五行（金木水火土）、五音（宫商角徵羽）、五味（酸苦甘辛咸），甚至是五脏（肝心脾肺肾）相对应。我们平时说唱歌唱得孬的人是"五音不全"，就是这种传统文化的遗留，因为我们现在的音阶已是七音阶了。

以刘备封皇子刘永为例，章武元年（221年），先主派司徒靖封刘永为鲁王。册文说："让你受封'东土'，授'白茅所包的青土'。"东方青色，南方红色，西方白色，北方黑色，中央黄色。刘永被封在"鲁"，就要授"青土"。鲁在山东，此处是曹魏的地盘，这里的鲁王只是一种虚封，这种"虚封"和"遥领"现象，在三国及所有动乱的年代都是十分常见的。

刘备，这个人的长相很有特点：两耳过肩、两手过膝。吕布请他向曹操求情他反而纵祸，吕布于是大骂"大耳贼"（刘备）。可见，耳朵硕大是他最突出的标志性特征。我们熟悉的歇后语"刘备摔阿斗——收买人心"。长坂坡之战，刘备虽冲出包围圈，其家小却陷入曹军围困之中。赵云拼死刺杀，终于救出刘备之子阿斗。刘备接子，掷之于地，愠而骂之："为了你这个孺子，差点儿损失了我一员大将！"赵云抱起阿斗，连连泣拜："赵云就是肝脑涂地，也不能报答主公之恩。"这就是《三国演义》中刘备摔阿斗的情节。赵云感动哭了，阿斗却没哭，证明没有摔痛，也恰恰证明这个情节的虚假，或可证明刘备"两手过膝"还"过得不一般"。真是君王都有异相啊。

刘备的出身好，让曹操和孙权都很羡慕。曹操宦官之后，孙权出身庶族，只有刘备可以骄傲地说："我乃中山靖王之后！"投奔曹操后，见到"名誉皇帝"汉献帝，论起辈分，他还比汉献帝"高一辈"，也就有了响当当的称呼"刘皇叔"。这个中山靖王刘胜乃汉景帝刘启之子，是汉武帝刘彻异母兄，母为贾夫人，皇族血统还是纯正。司马迁的《史记》说，刘胜为人喜好酒色，有儿子、亲属一百二十余人。班固《汉书》却说，中山靖王刘胜有儿子一百二十余人。嫡出、庶出"一大群儿子"，又传了两百多年才有刘备"来到人间"，不知道刘备和汉献帝是怎么把一笔糊涂账算明白了的。或许因为姓刘，随便拉了一个中山靖王来当远祖，反正谁也无法较真。

刘备还有一个值得骄傲的地方，就是师出名门，师从当代宿儒卢植。可笑的是，曹操、孙权都先后被举孝廉，而刘备却没有这个履历，就连喜欢"张冠李戴"的《三国演义》，也没有给这个"正面典型"编造一份。或许刘备前半生都在败与逃中度过，没有稳定地居住在州郡，又名不见经传，州郡也没办法推举他。所以，当北海相孔融向刘备求救时，他说"孔北海也知道我刘备"？！真是"高兴加惊喜"，于是欣然出兵相救。刘备逃跑时往往只顾自己，根本不管"婆娘娃儿"的死活，以至于四五次弄丢家人，致使他们落于敌手。

大家都说"刘备的江山是哭出来的"，这只能说明刘备爱哭。读过《三国志》，你会发现曹操比刘备更爱哭，怎么不说曹操的江山是哭出来的呢？或许，刘备的哭"发自内心"，所以让人动情；曹操的哭"别有用心"，没有给人留下深刻印象。读过《三国志》你会发现，刘备的江山并不都是哭出来的，得而复失的徐州是耍阴谋来的；关羽镇守并弄丢的荆州，是靠鲁肃说情后借来的。当然，借到荆州，也是为了"孙刘联手"在赤壁打曹操；真正的根据地益州，是从他的宗族刘璋手里抢来的。其实，帮助防备汉中张鲁只是一个借口而已。

有人说，刘备无理想无目标。这话也不全对。刘备小时候看见那棵如皇帝车盖的桑树，就说"长大我要当天子"，吓得他的叔叔赶紧捂住他的嘴巴。比起光武帝"仕宦当作执金吾，娶妻当得阴丽华"的理想还要远大得多吧。我想，可能是因为刘备的前半生都在仓皇逃遁，活下来才是第一要务。因为"理想很丰满，现实很骨感"。好在他会枉自委屈"三顾茅庐"请得诸葛亮出山。刘备说：我得到了诸葛亮，犹如鱼儿得到了水。我认为，刘备得到的不仅是个军师，得到的是一位"人生导师"。诸葛亮的《隆中对》，就让刘备从此树立起了人生的远大理想（兴复汉室，还于旧都）。所以，刘备在汉献帝在世时，只称汉中王（辅助汉室）。在以为汉献帝被称帝的曹丕"杀害"后，立即称帝表明"延续汉室天命"的历史使命。

刘备纳谏的态度如何？我认为不怎么样，还有些唯我独尊。关羽败走麦城，魂断东吴以后，刘备不顾北方之忧，悍然发动举国之兵攻打东吴，张飞又怒责部属而被部属"要了老命"，自己又被东吴陆逊打得落花流水，不得不怄死在白帝城。桃园结义的"三兄弟"虽然没有同年同月同日死，但是都死于东吴这个国家。

这场"国家大战"后诸葛亮有句感言很有意思：要是法正在，主公也不至于此。什么意思呢？刘备只听法正的话，连我诸葛亮的话也不会听。所以，诸葛亮在战前三缄其口，说明刘备不再"从谏如流"了，连诸葛亮也不敢说话。好在刘备还是在临死前"赌了一把"，把儿子刘禅和蜀汉的江山都托付给诸葛亮。其临终遗言：这个儿子，你能辅助就辅助，如其不然，则可取而代之。诸葛亮何等聪明，匍匐于地，表明了"鞠躬尽瘁死而后已"的"科学态度"。读过《三国志》，我才知道，章武三年（223年）"永安托孤"的辅政大臣还有一人叫李严。后来这个李严自视甚高，不断地"要地要官"，被诸葛亮废为庶人。据说，李严被废为庶人后，还心存希望（复出）。但诸葛亮病死五丈原后，李严才最终"绝望而死"。

在三国，后宫最为稳定的是刘备。在那些皇家的婚姻中，得利最多的也是刘备。"东吴招亲，弄假成真"的孙夫人，后被孙权"收回"，一直寡居东吴，估计刘备也早把她忘了。大家可以看《三国演义》去熟悉她。那个糜夫人虽也无传，但我在《三国志·糜竺传》中找到了蛛丝马迹。糜竺先辈世代经商，家中仆役上万，财产极为丰厚。建安元年（196年）吕布袭击下邳，俘获刘备的妻子儿女，导致刘备出现"单身状态"。糜竺便把妹妹献给刘备做夫人，献上奴仆、食客若干，还捐赠金银财宝给刘备做军需费用。当时，极为困窘的刘备借此振作。糜家对刘备多好，可惜糜芳不支援关羽却"叛逃东吴"，导致糜夫人连"一个传"也没能混上。糜夫人死于长坂坡之战，时间应是建安十三年（208年）。《三国志》说，先主在豫州时（名义上的豫州牧），住在小沛，纳甘氏为妾，于建安十二年（207年）生下后主刘禅。甘皇后嫁给刘备时是兴平元年（194年）。甘夫人跟了刘备12年才怀上龙种，这可能是战乱时期聚少离多的一个"注脚"。但是，我也有疑问，娶糜夫人时，刘备就有了妻子，娶甘夫人时，刘备也有妻子，所以他纳甘氏为妾，但这些妻子不仅无名，连姓也没留下。

长坂坡之战，刘备得以逃生，刘禅得以获救，一要靠张飞"一声大吼"（吓退曹操百万军），一要靠智勇双全的"常山赵子龙"（赵云）的"七进七出"（可能有点儿夸张）。张飞就不说了，刘备待他亲如兄弟。但是，这个常胜将军却可能不被刘备待见。刘备所封的"五虎上将"，连老将黄忠都有份儿，却没有常胜将军赵云的"股股儿"。直到刘禅当政多年后，才把救命恩人赵云追封为长平侯。

九

当然，刘备入主益州后，为了政权的稳定，也搞了一个政治联姻——娶了益州豪强吴壹的妹妹。她原是前益州牧刘焉儿子刘瑁的老婆。那个相信"益州有天子气"的刘焉（想做皇帝），听相面的方士说"吴氏将为大贵之人"，于是把她迎娶为儿媳妇。刘备抢占益州后，吴氏成为"名门寡妇"。群臣苦苦相劝，刘备半推半就，吴氏得以入主刘备后宫。可以看出，刘备对吴夫人还不错，册封其为"汉中王后"。

章刘备称帝之时，册封其为皇后（刘备册封的唯一一个皇后）。甚至于，其哥哥吴壹也被封为车骑将军。可是，好日子没过几年。刘备在永安驾崩，吴皇后又成为寡妇，于延熙八年（245年）一命归西。

《三国志》说，刘备，字玄德。可追溯到的涿郡刘姓远祖是刘胜（中山靖王）之子刘贞，元狩六年（前117年）受封涿县陆城亭侯，便在涿县安了家。后因在宗庙祭祀时所献的祭金违背礼制而被削去了爵位（酎金失侯）。"酎金失侯"又叫"酎金夺爵"，这是汉武帝在推行"推恩令"后耍的新花样，为的是打击王侯势力。当时，诸侯及其子弟独霸一方，仍是王朝统治的不稳定因素。于是，元鼎五年（前112年），在宗庙祭祀之际，武帝诏令各诸侯王"赞助点儿钱"。事实上，汉代宗庙祭祀时，皇帝以酎酒荐于宗庙，而诸侯皆须贡金助祭。故而，诸侯王都"乖巧听话"，给朝廷献上了祭祀用的黄金，但汉武帝却以诸侯王所献的酎金成色不好，或缺斤少两为借口，削夺了诸侯王爵位。据统计，被夺爵的诸侯王有106人，所封诸侯几乎被"搞掉一半"。

据《三国志》，先主的祖父、父亲均在州郡做过官。少年丧父，这个"官二代"便与母亲以贩草鞋、织芦席为生计（草编行业）。可见，皇室后裔的身份并没有给刘备带来什么实惠，此时"刘皇叔"的生活估计跟"贫困户"差不多。好在时势造英雄（乱世出英雄），"黄巾起义"给了刘备一次成长的机会。在三国的"国家主持人"中，曹操和刘备都是镇压黄巾军的刽子手，沾着黄巾军的鲜血而升官发财。刘备获得的第一个官位（严格说是吏）是安喜县尉，按现在的说法，相当于公安局长（兼管军事）。于是，便发生了"怒杖督邮"的事件（胆好肥，脾气好暴），而且"挂印而去"。或许，罗贯中先生"为尊者讳"，觉得有损刘备的正面典型形象，又或许觉得这样的事，更符合猛张飞的个性特点。于是，张飞"怒杖督邮"的故事就赫然出现在了《三国演义》之中。其实，陈寿对刘备也不错，毕竟曾是蜀汉的老领导，就在《先主传》中记载了这样一件事儿。当时，朝廷调刘备代理"平原县令"，随后又兼任平原国相（时孔融任北海国相）。本郡人刘平一向瞧不起刘备，以在刘备的管辖地居住为耻，派刺客去刺杀刘备。刘备则奉行来者都是客，善待各路宾客，刺客不忍下手，告知真情，然后离去。陈寿在这个故事后总结说道："他（刘备）就是如此深得人心！"

在三国的"国家主持人"当中，刘备是最善于空手套白狼的。曹操打的"军事牌"（奉命征伐），孙权打的"外交牌"（墙头草，两面讨好），刘备打的是"政治牌"。别人是在扩大地盘，他却是在扩大声望，在混战的军阀中游走。蜀汉将军黄权也遭遇过这种状况，夷陵之战中，入蜀的道路被东吴阻断，投降东吴又非他所愿，只好归附曹操。这些或许都是走投无路，不得已而为之。而刘备的政治牌打得好，也打出了成效，各路军阀都喜欢他的投靠（包括曹操）。其实刘备应该感谢曹操，其左将军一职还是曹丞相表奏的呢。如果没有曹操发动赤壁之战，仓皇逃遁的刘备或许也不会走上称王称帝的道路。事实上，曹操借口消灭刘备，实则志在消灭东吴，这才催生了孙刘联盟火烧赤壁。当然，各家对此的记载都不一样：曹魏归因于瘟疫而自焚，东吴归功于大都督周瑜，蜀汉却说是诸葛亮唱的主角。总之，结果是一样的。曹操大败而归，黯然北返，奠定了"天下三分"的基础。

听到"一壶浊酒喜相逢"，我想起了刘备的禁酒令。据《三国志》记载，"时天旱禁酒，酿者有刑。吏于人家索得酿具，论者欲令与作酒者同罚。雍与先主游观，见一男女行道，谓先主曰：'彼人欲行淫，何以不缚？'先主曰：'卿何以知之？'雍对曰：'彼有其具，与欲酿者同。'先主大笑，而原欲酿者。"作为刘备的"发小"（早期谋臣）、刘备进入成都的功臣，这是在借题发挥，讽刺蜀汉"军政府"的严刑峻法。

我认为，刘备一生最大的失误，就是发动了几近疯狂的夷陵之战，不仅自己走上了不归路，还让蜀汉的军力和国力大量消耗在了滚滚长江边。最终，他留给刘禅和诸葛亮的，其实只是一个烂摊子。都说刘禅是扶不起的阿斗。果然是这样吗？读过《三国志》，你或许会改变一些"傲慢与偏见"。先说阿斗其名，其生母甘夫人夜梦"北斗入怀"而有孕（出生时有异象），这是一般作传者的惯用手法，不足为奇。章武三年（223年），刘备驾崩，刘禅继位。史书上没有刘禅参与任何一场战争的记录，或许"仁而弱"成了他给其父刘备留下的唯一印象。到263年曹魏灭蜀，刘禅在位40年。

诸葛武侯矢志北伐，在《出师表》中说："今南方已定，兵甲已足。"这说明当时的蜀汉国力相当强盛。当然，这主要是诸葛亮的功劳。但刘禅待诸葛亮如父的雅量也是值得称道的。他严格执行刘备遗嘱，坚持"尊君、敬师、爱友"三大美德。他是"国家主持人"授权而不负责，诸葛亮则是负责而无法定权力，大小事"咸决于亮"，而他却没有一点儿顾虑，说明他是高度信任诸葛亮的。所以，诸葛亮才能在蜀汉干得风生水起。这样的君臣关系，也堪称后世楷模。《三国志》言，诸葛亮累死在五丈原。当然，诸葛亮鞠躬尽瘁，事必躬亲，落得了"累死下场"，也不意外了。尤其值得肯定的是，父亲刘备、叔父关羽、张飞（岳父）都死于东吴战场，而刘禅却只能把悲痛与仇恨埋在心底，还能听任诸葛亮遣使"修好东吴"。蜀汉建兴十二年（234年），诸葛亮病逝。据说，诸葛亮临终前，刘禅遣使问了一个问题，丞相百年之后，子孙当如何自处之。诸葛亮回答道："成都有桑八百株，薄田十五顷，子弟衣食，自有余饶。"刘禅得知诸葛家没有野心，于是厚封了其子诸葛瞻。后来诸葛瞻战死绵竹，也成就了满门忠烈的佳话。读过《三国志》，我认为，"诸葛一族"在蜀汉的结局是最好的。

被刘禅依靠了多年的诸葛武侯去世后，刘禅"丢了拐杖还能走吗"？答案是刘禅还是"走了29年"。他不再设丞相，可算是自领国事了。他把尚书令和大将军分设，相互牵制，有效地避免了大权独揽，让蜀汉后期也基本运转正常。刘禅的后宫也比较稳定，先后册封的两个皇后都是张飞的女儿。张飞也爽快，两个女儿都嫁给了刘禅，是不是刘备和张飞两个兄弟约定的"娃娃亲"呢？史无记载。

在历史上，作为"国家主持人"，刘禅被后人诟病的有两件事：一是宠幸宦官黄皓，以至于专擅朝纲。好在那时没有外戚出来争权，也不见太后临朝，已有的"刺头"都先后被刘备和诸葛亮消灭在了萌芽状态。黄皓掀起的风浪也不大，擅权造成的混乱局面也不是很严重。即使诸葛亮去世后，征西大将军魏延和丞相长史杨仪闹矛盾，魏延被攻杀，杨仪带兵回成都，这些人也被刘禅"收拾了"。皇帝宠信宦官，本就是皇帝的通病。诸葛亮在《出师表》中劝导刘禅："亲贤臣，远小人，此先汉所以兴隆也；亲小人，远贤臣，此后汉所以倾颓也。"从宠信宦官黄皓来看，刘禅估计把诸葛亮的话早就忘到"爪哇国"去了。

二是刘禅选择投降，而没有坚持死战。对于曹魏与蜀汉之间的战争，剑门关是双方交战重地。作为著名的天然关隘之一，它是蜀汉北部门户，因大小剑山中断处，两旁断崖峭壁，峰峦似剑，两壁对峙如门，故称剑门。诸葛亮曾在此修筑栈道三十里，设关守卫，称剑阁。唐代诗人李白《蜀道难》："剑阁峥嵘而崔嵬，一夫当关，万夫莫开。"司马炎命令刻石留念，可惜今已不存。至今川蜀地区还留有"峨眉天下秀，夔门天下雄，剑门天下险，青城天下幽"之语，盛赞此地得天独厚的旅游资源。

从《三国志》看，当时，曹魏的大军久攻不下剑门雄关，于是转从阴平小道偷渡，很快便兵至涪城（今四川绵阳），直逼成都。蜀汉已无险可守，军队也到了"蜀中无大将，廖化作先锋"的境地。想着战也是败，空有将士流血牺牲，或许还会把曹魏军队"惹毛了"，万一再来个带恨屠城呢？所以，经谯周先生一劝，刘禅就"有条件投降"了，理由是确保蜀汉军民无生命之忧。因此，也有人用诸葛瞻（诸葛亮之子）战死绵竹，刘禅之子不忍亡国之耻自杀的事迹来谴责刘禅的"无能又无耻",不能垂拱而治,却能拱手让国。

十

翻一翻《三国志》,我想再说一说劝降刘禅的谯周。他字允南,巴西西充国人。建兴年间,诸葛亮兼任益州牧,把谯周任用为劝学从事。后来,他还出任过刘禅的太子家令,在教导太子期间,写成了著名的《仇国论》。当时,曹魏大军来袭击,刘禅准备投降东吴,谯周说:"天下将归曹,投降东吴会'吃二茬苦、受二次罪',不如投降曹魏,还可封公拜爵。"从后来的历史走向看,谯周说得"真是太对了"。这样一算账,刘禅也深以为然。于是,立马向曹魏举手投降,"三国鼎立"从此画上句号。据说,邓艾抵达成都城北,后主(刘禅)绳索自缚,载着棺材,前至魏军营前门。邓艾替他解下绳索,烧掉棺材,礼请如营相见。这个情节在《三国志》也有记述,估计是一种传统礼仪(投降礼和受降礼)。

谯周这个人有点儿意思,不仅喜欢经学,还喜欢术数。他曾用解字法来说刘备、刘禅父子俩的名字暗含天机。备者,完备也,圆满了(完了);禅者,禅让也。他解释"代汉者,当涂高":当涂高者,魏也。我帮他说完整:皇城的宫阙又称象魏(北阙),用于悬挂法律条文或者安民告示,供大家浏览。在道路上高高耸立的是象魏,所以代汉者魏也。谯老先生还发现一个有趣的现象:三国时期,突然出现了一些带"曹"字的官名(功曹)和官僚机构(东曹、西曹),这一现象是前所未有的。有趣的是,魏、蜀、吴的设置也惊人的一致。所以,谯周先生在解读了"代汉者当涂高"的谶语之后,又结合这个不经意的发现,做出"天下必归曹魏"的解读。所以,他要劝刘禅"降曹魏不降东吴"。这种说法,看似有合理性,也为当时很多蜀汉士子"默默颔首",陈寿就是其中的代表人物。或者因为陈寿是谯周的学生,师门之见，大家都要"共同扎起"。但是，历史就是历史，不是任人打扮的小姑娘，历史的发展也不以人的意志为转移。接下来的历史，说明了谯周先生的预测也"看不准、看不远"。

蜀汉被灭还不到三年，咸熙二年（265年），司马炎逼迫魏元帝曹奂禅让，即位为帝，定国号"晋"。"逼迫与禅让"的历史单幕剧，又上演了一回。曹氏从汉家手里抢夺的江山，又被司马氏抢夺，江山也从此改姓司马。咸宁五年（279年），晋武帝司马炎命杜预、王濬等人分兵伐吴，于次年（280年）灭吴（孙皓投降），魏、蜀、吴都被西晋收入囊中，结束了分裂割据的局面，走向全国统一的王朝政治。

东吴的"国家主持人"，按规矩只能从孙权称王称帝算起。其父亲孙坚、哥哥孙策，不能计算在内。但他们为东吴的建立做出了突出贡献，算是"奠基者"吧。很可惜的是，这父子俩都死于非命。据《三国志》，孙坚，字文台，吴郡富春人。他的祖先比刘备、曹操更久远，曹操才追溯到东汉末年（宦官曹腾），刘备才追溯到西汉景帝时（中山靖王），而孙坚居然追溯到战国时代（军事家孙武）。

孙坚很聪明。孙坚移军驻扎在梁东，董卓军队猛烈攻击，孙坚与几十个骑兵突围而去。情急生智，孙坚把自己常戴的红头巾脱下来，给亲近将领祖茂戴上，敌兵争着追赶红头巾（祖茂），孙坚得以脱离危险（小道逃脱）。祖茂更聪明，把红头巾放在坟墓间的烧柱上，自己则埋伏在草丛中。敌人发现是个木柱子，也就悻悻散去，祖茂也化险为夷。

孙坚很勇猛。董卓害怕孙坚勇猛激壮，想与孙坚约为亲家，派将军李傕等前去请求和亲。孙坚大骂董卓，和亲未成。初平三年（192年），那个很想当皇帝的淮南军阀袁术，派孙坚出征荆州打刘表。刘表派黄祖迎战。孙坚击败黄祖，追过汉水，包围襄阳。孙坚单枪匹马登上岘山（侦察敌情），被黄祖手下的军士乱箭射死（孙策把杀父之仇记在黄祖头上）。孙坚的侄儿孙贲率军投靠袁术，袁术表荐孙贲为豫州刺史。

据说，孙坚听说吴景的姐姐有才貌，上门提亲却碰了"一鼻子灰"，主要是嫌弃孙坚"轻佻狡诈"。但吴夫人害怕因此惹祸，为了家人的安全，就说："何必为了怜爱一个女儿惹来祸灾呢？"于是，许婚孙坚，后生下四子一女。这就是之后威风凛凛的吴国太。四个儿子分别是长子孙策、次子孙权、三子孙翊、四子孙匡。一个女儿，也是吴国太的掌上明珠，好事者给她"弄了好多名字"（都不可信），但"东吴招亲、弄假成真"时嫁给刘备是真的。当然招亲是假的，送亲才是真的。建安十三年（208年），赤壁的烽烟刚刚熄灭，周瑜就建议孙权打刘备的主意，一个阴谋却成就一段姻缘。《三国演义》说，这段姻缘起决定作用的是吴国太，应了"老丈母看女婿，越看越欢喜"的俗话。但是，《三国志》说，建安七年（202年）孙权母亲吴氏去世。东吴招亲（实为送亲）时，吴国太坟堆上"草都多高"了。当然，那个乔国老更是虚构的人物。

插叙了一段，回到"说孙策"。孙策，字伯符。孙坚兴义兵，孙策就带着母亲迁往舒居住，在这里与周瑜结为好友（拜见对方高堂）。兴平元年（194年），孙策前往追随袁术，袁术把孙坚的部队交还孙策。读过《三国志》，知道有两个重要人物赞叹了孙家儿郎，一是袁术赞叹孙策，如果有孙郎这样的儿子，死也可以瞑目了！二是曹操赞叹孙权，"生子当如孙仲谋"（孙权字仲谋）！有了两个赞叹，后面我都不需要再说孙权的长相了，那肯定是英俊潇洒，也就是"帅呆了"或"酷毙了"。

袁术这么喜欢孙策，但封官许愿却总是"空头支票"。孙策打下的地方被多次实封给另外的战将（袁术亲信），把孙策弄得"窝了一肚子的火"。当然，这事放在任何人身上都可能要"窝火"。孙策退而求其次，提出：追随舅舅吴景（吴国太的弟弟），去帮袁术平定江东。袁术不知是计而欣然同意，给了孙策"据有江东"的绝好机会。当然，孙策去平定江东也有"抵押物"，这就是孙策手中的"传国玉玺"。

相传，"传国玉玺"得于洛阳城外的井中，还说是王太后（王政君）发怒摔坏一只角的那枚"传国玉玺"。我在想，如果真是这样，是不是王莽新朝败亡时丢进井中的呢？如果真这样，东汉王朝没有传国玉玺，怎么"开张营业"呢？难道是重新刻制了一枚吗？如果真是这样，说明传国玉玺并不是称帝的"充分必要条件"。但是，"传国玉玺"也很重要，"永嘉之乱"中西晋灭亡，"传国玉玺"落入外族人之手，东晋皇帝被称为"白板天子"好多年，连"腰杆也伸不直"。

袁术自认为"传国玉玺"是个"硬通货"，于建安二年（197年）称帝于寿春，建号仲氏，又称仲家。这可能是历史上最令人费解的"国号"。孙策知道抵押的"传国玉玺"肯定要不回来了，断然与袁术绝交。袁术称帝这件事情惹得"各方火起"（众矢之的）。各路大军杀向寿春大败袁术。袁术只得携带"传国玉玺"，北上投奔庶兄袁绍。他们兄弟本来不和，但袁术估计紧急情况下，袁绍会念起打断骨头连着筋的兄弟情。未料想半路杀出个程咬金（曹操派刘备拦住去路）。袁术失望地撤回寿春，继续当皇帝。建安四年（199年），袁术悔恨交加，吐血而死。袁术"魂断皇帝梦"，说来也十分可悲，令人同情。

孙策据有江东并不是一帆风顺的，其间的打打杀杀，不想细说。只是屠城东冶（会稽郡属）这项罪行必须"记录在案"。曹操看到孙策"长大"，自己又无力东顾，也就约为亲家，化敌为友，把自己的侄女许配给孙策的弟弟孙匡；又为儿子曹彰娶了孙贲的女儿，一嫁一娶，孙家"收支平衡"，曹家"略有盈余"（辈分上看）。俗话说，人心不足蛇吞象。一般人很难理解"蛇吞象"（严重的比例失调）。但是，在巴文化区或者泛巴文化区，人们都较为熟悉"巴蛇吞象"这个成语。

建安五年（200年）发生了"世纪大事"，曹操与袁绍在官渡对峙。孙策内心就打起了"小九九"，想趁机偷袭许昌，迎接汉献帝到东吴"来享福"。兵还未发，孙策就被原吴郡太守许贡的门客刺伤，伤势很重，不久就呜呼哀哉，让大乔成了寡妇。这也是没办法的事，毕竟血债要用血来还，因为孙策早先也杀害了原吴郡太守许贡。幸好这事发生在东吴的地盘上，要是发生在魏明帝（曹叡）时期的"曹魏"，许贡的门客就惨了。曹叡下诏说："严禁私人报仇，否则'诛三族'。"我曾经问过法官朋友，抢劫和抢夺有啥子区别？他说，抢劫的法律要件是"使用暴力"，抢夺的"法律要件"是"趁人不备"。如果孙策偷袭成功该定什么罪？这个朋友说"成王败寇"的成语都忘了吗？孙策虽然还不是"国家主持人"，但也来了个临终托孤，把弟弟孙权连同江东的地盘，托付给了张昭，并提出"坐山观虎斗"的战略指导思想。同时，将印绶交给孙权，他再三强调的是保守策略。

说到孙权，长相就不用多说了，曹操"生子当如孙仲谋"的感叹做了注脚。但是，孙权的长相有些什么特点？我想，刘备的大耳朵是个特点，孙权的"碧眼儿"也是其特点。

十一

前面我说到封建军阀们的心思是都想守住自己的一亩三分地，又总在惦记别人那一亩三分地。战争就是灾难（浪费金钱、粮食和人口），他们为何却乐此不疲呢？读过《三国志》，我认为，三国时的军阀混战兼具春秋战国的特点。春秋打仗，为的是一口气；战国打仗，为的是一片地。有人说，春秋以后无义战。确实，虽然《三国演义》标榜的是忠义，但军阀混战多是不义之举。争抢地盘是主要特点也是主要目的：争抢兵源、资源、税源（好一个"抢"字了得）。然后，通过一系列的你争我夺、弱肉强食，走上"称孤道寡"的皇帝宝座，然后过上"奉天承运、皇帝诏曰"的美好生活，战争中有功的文臣武将，再接受新一轮的分封。

孙权也是这样，接过江东的权杖，就有了军阀的"德性"，开始东征西讨。建安十二年（207年）征黄祖，次年春再征黄祖，砍下了黄祖的脑壳，报了杀兄之仇，掳掠黄祖部属和百姓数万人。当年也发生了"赤壁之战"。这是三国时期魏、蜀、吴的"国家主持人"首次会面，也是唯一一次"三巨头"都参加的会战。这时，三国历史上出现了一个重要人物（鲁肃促成孙刘联军抗曹），一次"重大公共卫生事件"（江北的曹军感染了瘟疫），一块"重要的根据地"（刘备抢占荆州三郡）。这时的刘备才成为一个"有分量的军阀"。也是在这时，因"荆州三分"而出现"天下三分"。

赤壁之战后，孙、刘两家互利互惠，刘备上表奏封孙权代理车骑将军、兼任徐州牧，孙权也上表奏封刘备兼任荆州牧。我在想，曹操把持的"汉朝廷"会不会接受他们的上表。即使接受，也绝不会下达批文。他们的徐州牧、荆州牧，可能都如东汉的"河西窦融故事"吧。说起互利互惠，孙权的称号都是空头衔，又不掌握"中央军"，怎么能做"车骑将军"？徐州也不是他的地盘，"徐州牧"之封也无实际意义。刘备是真正"吃到了肉"的。虽然只有荆州三郡，但是荆州牧就可以名正言顺地征兵收税了（包括从孙权手里借的南郡）。《三国演义》中说的"借荆州"，其实就是"借的南郡"，要求"还荆州"，也主要是"归还南郡"。因为南郡具有重大战略意义。

南京被称为"石头城"，这是孙权的功劳。建安十六年（211年），孙权将治所迁移至秣陵，次年（212年）驻石头城，改秣陵为建业。此后，东晋、南朝的宋、齐、梁、陈均相继在此建都，故南京有"六朝古都"之称。千年古都的历史翻看到朱明王朝，朱元璋于1368年登基称帝，改应天府为南京，南京之名始见史载。

建安二十四年（219年），是三国争战中的一个重要年份。先是关羽水淹七军，擒获曹魏大将于禁和庞德，吓得曹操准备迁都避让；再是关羽败走麦城，孙权平定荆州，曹操上表任命孙权为骠骑将军、假节兼任荆州牧，封南昌侯。

三国时期，青年才俊任县长（县令）的年龄都在20岁左右。孙权任阳羡县长时才15岁。那时的干部政策才叫"干部年轻化"。孙权确实很优秀，郡里举为孝廉、州里举为茂才。秀才被称为茂才，当时是为了避光武帝刘秀的讳。当然，也有他大哥孙策的作用。古代学制规定，7岁发蒙读书，通过10年的科举之路，17岁就可能因"天下知"而"进入仕途"（做官）。所以，孙权15岁当县长，虽然有点儿早，但也不足为奇。

及至建安二十五年（220年），曹丕代汉自立（称帝），孙权俯首称臣，被封为吴王。孙权欣然受命，派出使者叩谢皇恩。在曹丕与吴王使者赵咨的交谈中，赵咨这样称赞"吴主孙权"：聪明（重用鲁肃）、明智（提拔吕蒙）、仁慈（俘于禁而不杀）、雄才（拥三州之地，虎视天下）、谋略（屈身于陛下您）。赵咨的例证法用得很好，给孙权画了一张像。但孙权也会耍滑头，曹丕让孙权送子入朝，孙权就坚决抗命。因为名义上的"送子入朝"，其实质就是"送子为质"。所以，有人说孙权是低头不屈膝。

相对于三国那些"国家主持人"，孙权的后宫是最复杂的。他有"一顺溜"（很多）的儿子，估计跟曹操有一拼，而他的两个女儿取的名字，最让人费解。他的大女儿字大虎，叫鲁班，小女儿字小虎，叫鲁育。古人姓名一般是两个字（复姓为三个字），有些人不理解，以为是古人"投简单"（非也）。其实，古人的"名"和"字"是分开来的。比如，孙权（姓名），字（仲谋）。现代人的名字多为三字，一般为"姓+字辈+名"。古人一般不直呼其名，叫"字"表示尊重。现在人们不"全呼其名"，叫"后两个字"（名字）表示亲近。当然，还有一种文化现象值得一提，古代对女性的称呼，因为是男权社会，女性往往有姓无名，而且嫁鸡随鸡嫁狗随狗，把丈夫的姓放在本人的姓前面，再以"氏"做"后缀"。读过《三国志》，我都没有找到孙权取名的理由，倒是"大虎乱政"，闹得朝廷和后宫不得安宁，甚至还多次闹出人命，我留下了深刻的印象。

孙权早年英明睿智，但晚年不仅老眼昏花，而且非常糊涂，尤其在太子废立问题上，不仅使得朝廷后宫混乱不堪，而且权臣大多都不得好死，弄得东吴奄奄一息。黄龙元年（229年），孙权称帝后册立孙登为皇太子。孙权还为他选置师傅，铨简秀士，以为宾友。孙权给孙登选拔的秀士是诸葛恪、张休、顾谭和陈表，时人称为"四友"。可惜天妒英才，孙登33岁去世。早年匡辅朝政，临终时还在上疏举荐贤才，白发人送黑发人的孙权临表涕零、伤心欲绝。那四个时称四友的"吴国大伽"，由于孙权晚年昏聩，前三个都结局悲惨（被杀），只有一个人勉强算得上是善终。

当时，孙权面临着重新选立太子的问题。孙权的第二个儿子孙虑，比他的大哥孙登还走得早，刚刚20岁时就病故。因此他选择的太子是第三子孙和。但孙权想一碗水端平，立孙和为太子的同时，又封第四子孙霸为鲁王。而且孙权没让鲁王去封地，导致两宫并重，各有权臣攀附，而且相互倾轧。孙权的大女儿（大虎鲁班）虽然早已嫁给全琮，但也带着"全家的利益"，纠缠其中。孙权也"信她那包药"（可能是过于溺爱），在孙权面前既"说怪话"又"说坏话"，导致孙权把最出色的儿子孙和的太子之位给"麻了"，即废掉了太子。在孙权决定解决两宫之争的时候，采用各打五十大板的办法，虽然孙和的太子之位被废，但人还是活下来了，孙霸的下场比较惨，直接被赐死。此时，孙权若召回太子孙和，也在情理之中。但是，他又在担心权臣专政，威胁皇权。于是，立了小儿子孙亮为太子。他的想法是，小儿子孙亮身边，自然没有权臣，一切都可以从头再来。未料想，几年后孙权去世了，彼时的孙亮才10岁，朝政自然掌握在孙綝这些权臣的手里。等孙亮几年后亲政，准备把皇权从孙綝手中夺过来的时候，孙綝先下手为强，找机会把孙亮"废而杀"。

十二

　　永安元年（258年），孙休成为东吴的"国家主持人"。他酷爱坟典，手不释卷。永安七年（264年），蜀汉被曹魏"兼并"后，孙休正准备厉兵秣马，欲和曹魏拼一拼之际，逝世了。孙皓成了东吴的"末代皇帝"。史书上说，他粗暴骄横，喜欢猜忌，颇好酒色。孙皓的爱妾喜欢派人到集市上去抢夺百姓财物，司市中郎将陈声将抢夺者绳之以法。爱妾枕头风一吹（告御状），孙皓用烧红的锯子割下了陈声的头，尸体还被抛弃在四望山下。孙皓对酒的喜爱程度，不亚于他的爷爷孙权，居然设有黄门侍郎十人监督喝酒，不醉者或者喝酒失态者，均会因酒获罪。

　　据《三国志》，孙皓后宫已有美女数千，但他还不满足，不断地选秀女入宫。而且又引激流入殿，遇有不合意的宫女，即将其杀死并让尸体顺流飘走。残暴如斯，上下离心，臣民像躲避瘟神一样躲避他。天纪四年（280年）灭国前夕，孙皓居然"回光返照"，想调集水军进攻晋国。兵还未发，将士就全部逃之夭夭。当然，孙皓也在当年向晋国举手投降，被封为归命侯，三国的历史大剧就此落幕。正如刘禅，末代皇帝们都能享受生活，太康五年（284年）孙皓死在洛阳。与刘禅的"乐不思蜀"不同，他留给我们的是成语"虚位以待"。

　　东吴的后宫乱象丛生，主要表现在"国家主持人"孙权的身上。他是三国"国家主持人"中活得最久的。神凤元年（252年），孙权走完他辉煌的人生之路，享年71岁。据《三国志》，那时的人活到40岁，就必定为自己准备棺材，几乎成为不成文的规定。现在农村也有这种现象，不过年龄已经放宽到60岁。孙权岁数活得大，夫人娶得多。孙权的第一个夫人为谢氏，是母亲吴国太给她娉的妃子。由于有点儿像"猴子掰苞谷"，喜新厌旧之意，娶了第二个夫人徐氏后，就不讲先来后到，非要把徐氏名位排在谢氏前面。谢夫人当然不同意

（失宠），也气不过，就早死了。

徐夫人是个"过婚嫂"（丈夫早死），被孙权在吴郡时聘为妃子，让她抚养长子孙登。后来，孙权转战他处，又以徐氏"妒忌后宫"被废弃在吴郡。后来，孙权立孙登为太子，群臣奏议立徐氏为皇后。孙权不许（想立第三个夫人步氏），徐夫人也很快就"怄死了"。第三个夫人步氏，就是为孙权生下一对"虎女"的女人。步夫人因容貌美、个性好（不妒忌）而"集万千宠爱于一身"。孙权称帝后，想立步夫人为皇后，又与廷臣发生严重的意见分歧。廷臣说："必须立徐氏为后，否则以死相争。"孙权没办法，步夫人就"只好等起"。生前没等到，死后"被追赠"。

第四个夫人王氏，选秀入宫，受宠一时。其子孙和被立为太子，孙权有了立王氏为后的打算。素来不喜欢王氏的孙权女儿（鲁班）"勇敢地站了出来"，诬陷诽谤，死缠烂打，还说孙权病重时王夫人显得很高兴。孙权"火起"，对王夫人怒骂。《三国志》说：王夫人忧郁而死。第五个夫人也姓王，也是选秀入宫，为孙权生了儿子孙休。她有一条"硬措施"，其他嫔妃受宠爱的，都被撵出皇宫。孙权对横刀夺爱的小王夫人也以牙还牙，小王夫人也很快被撵出皇宫，安置在公安，死后也就埋在那里。幸好儿子孙休后来称帝，她才被追赠皇后。

第六个夫人潘夫人，因父亲犯罪被处死，姐妹俩被送进皇宫织室（幸好没有去干舂米的苦活）。孙权看她不是一般女子（鹤立鸡群），就"提拔"她进入后宫，生子孙亮。后儿子孙亮被立为太子，潘夫人被册封为皇后。她生就一副蛇蝎心肠，嫉妒成性，加害袁夫人等多人（孙权的夫人肯定多于6人），还残害后宫宫女数人。孙权生了重病，她野心勃发，派人去打听"吕后称制"故事（想做吕后第二）。未料想，宫女们早就对她恨之入骨，趁潘夫人熟睡之机，把她勒死在床上（让她"睡过去"了）。她是孙权册封的唯一一个皇后，也是荣幸地与追随而来的孙权合葬的一个夫人。

孙权的后宫虽然复杂，但孙权善于复杂问题简单化，感觉"不安逸"的就弃之不用，且采用异地安置的模式，避免造成"次生灾害"。读完《三国志》，我也没有搞明白一件事，即孙权的长子孙登是"哪个娘生的"。一般是说生母不详，或出身低贱，这都相当于没有说。答案只有孙权知道，可惜早就死无对证了。这是孙权亲自制造的千古之谜。

十三

说三国，当然不能遗漏诸葛家族的"风采录"。读过《三国志》，有两个复姓家族，在三国历史上，熠熠生辉。一个是诸葛家族：诸葛亮父子（子诸葛瞻），还有弟弟诸葛均，服务于蜀汉的"文攻武卫"；诸葛瑾父子（子诸葛恪），在东吴出将入相；诸葛诞，则奔忙在曹魏东征西讨的战场。一个是司马家族：在汉献帝把曹操、曹丕培养成"国家主持人"的过程中，注重"观摩学习"，最终从曹魏手里夺取江山社稷，成为晋朝的"国家主持人"，完成了三国的统一。

有人说，诸葛亮、诸葛瑾是亲兄弟，而他们与诸葛诞则是堂兄弟，三个人的父亲诸葛珪、诸葛玄是亲兄弟，诸葛珪、诸葛玄的父亲是诸葛丰。但是这个说法是站不住脚的，因为诸葛丰是西汉汉元帝时的朝廷大员。所以，我们只可以把诸葛丰看成三国时诸葛家族的远祖。

诸葛丰是怎样一个人呢？据《汉书·诸葛丰传》，他是琅琊人，起初因为通晓经学而做"琅邪郡文学"。后来，被御史大夫贡禹征召为属官，然后又被举荐为朝官（侍御史）。汉元帝时，升职为司隶校尉。司隶校尉是个什么官？司隶校尉，旧号卧虎，是西汉至魏晋监督京师和周边地方的监察官。始置于汉武帝征和四年（前89年），既有卧虎之称，又可能有"秘密性质"。官有多大？俸禄（官秩）在二千石左右。据汉阙研究专家们说：官秩在二千石以上的官员有立阙资格，相当于地级市的书记、市长。渠县土溪"城坝遗址"(宕渠城)的河对面，就有六处七尊汉阙（均为全国文物保护单位），说明渠县这个地方真是地灵人杰。自先秦到两汉再到魏晋南北朝，宕渠一直是川东地区的政治、经济、军事、文化中心。只可惜，东汉末年，建阙之风不再流行，否则三国时宕渠人王平和句扶都可以"立阙"显扬于后世。

诸葛丰以执法严明，刚直尽忠见称。汉元帝时被任命为光禄大夫，以示褒赏，但后来也因此蒙难。他竟然要把皇帝宠臣许章（既是侍中又是外戚）依法治罪，元帝虽然没有处罚许章，但也没收了诸葛丰的符节。据说，司隶校尉不持节，就始于三国时诸葛家族的远祖诸葛丰。后来，诸葛丰在春夏时办案治罪，违反四时之法（春夏不办案，只能秋后问斩），元帝将他调任城门校尉（贬谪）。诸葛丰到任后心情郁闷，又告发光禄勋周堪和光禄大夫张猛。元帝说，诸葛丰先前赞颂二人，现在却告发他们，前后不一，显然属于别有用心，罢了诸葛丰的官，削职为民，永不叙用。

说三国的诸葛家族成员，我们也按照魏蜀吴的习惯顺序来吧。当时，诸葛亮在蜀，诸葛瑾在吴，诸葛诞在魏。天下动荡、军阀混战，诸葛家族虽是"一家人"，却又各为其主。

先说诸葛诞，字公休，琅琊阳都人。在曹魏官至征东大将军。

两汉以来，官吏的走向是从中央到地方，再在地方各层级历练，卓有成就的，才回到中央任职。比如，渠县的"冯焕阙"铭文曰："故尚书侍郎河南京令豫州幽州刺史冯使君神道。""沈府君阙"（全国唯一双阙幸存者）铭文云："（左）汉谒者北屯司马左都侯沈府君神道，（右）汉新丰令交趾都尉沈府君神道。"这些都基本体现了这一为官路线。诸葛诞的为官之路也如此。先以尚书郎（京官）被任命为荥阳令（地方官），后因"考核卓异"入京都任吏部郎，再升职为御史中丞兼任尚书，后外放任扬州刺史。

但是，诸葛诞与散骑侍郎夏侯玄走得太近，遭到魏明帝厌恶（沽名钓誉，追求浮华），被免除官职，仕途遭遇挫折。幸好，曹芳继位，大将军曹爽辅政专权，任用夏侯玄等人，又让诸葛诞复职而东山再起。正始初由从京官外放任扬州刺史，加昭武将军，从文官到武将。

嘉平三年（251年）是诸葛诞的人生的新起点。太尉王凌计划起兵推翻司马懿，司马懿领兵讨伐，任命诸葛诞为镇东将军。假节都督扬州诸军事，并封山阳亭侯（开始拜将封侯）。此后，他的为官之路又起波折，东兴之战失利，久攻不克，被降职并异地为官（镇东将军改镇南将军）。在这个战场上，他遇到的对手是诸葛恪（诸葛瑾之子），时任东吴太傅。诸葛家族"敌我相见"，叔叔被侄儿率军打得落花流水，也是很没面子的事情。

后来，诸葛诞更是平步青云。毌丘俭与文钦在寿春起兵，列举司马师罪状数重，并派使者来邀约诸葛诞。诸葛诞坚定地站在司马氏一边，斩杀来使，"通电全国"，宣布二人叛乱，并主动请缨为征讨大军先锋。平定叛乱后，又乘胜追击东吴援军。战后，诸葛诞获封高平侯（亭侯升为县侯），转任征东大将军。诸葛诞为啥这么态度坚决，主要是因为他对带头叛乱的文钦不安逸（不满意）。

后来，诸葛诞见好友邓飏、夏侯玄等先后被诛杀，而王凌和毌丘俭亦被夷灭三族，又不满司马氏兄弟擅权，心中十分不安。于是，在当地收买人心，蓄养死士。甘露元年（256年），诸葛诞以东吴有进攻之意，向朝廷要求增兵十万，并在淮河筑城抵御（意在保守淮南）。不想，引起了司马昭（刚执掌朝政）的满腹怀疑。甘露二年（257年），司马昭下诏升诸葛诞为司空（入朝任职）。这是典型的明升暗降，意在削夺兵权，若真入京任职，可能还会有性命之忧。于是他一不做二不休，接到诏命后，立即发动叛乱，派儿子到东吴为质请求援兵。哪知天不帮忙（大旱），御驾亲征的曹髦把叛军围困在寿春城。粮食吃完了，东吴援军也还没到，其实已被曹魏军队威逼利诱投降。面对共同的敌人（曹魏军队），诸葛诞又与文钦纠合起来（面和心不和）。

文钦因诸葛诞的疑心而被斩杀，文钦的两个儿子愤而出城投降。诸葛诞的反叛最终被曹魏剿灭。

甘露三年（258年），诸葛诞被魏将胡奋斩杀，且被诛三族，幸好他把儿子派到东吴搬救兵，否则就绝后了。但是，让诸葛诞死能瞑目的是，麾下数百人坚决不降，且皆道："为诸葛公死，不恨。"据说，当时，行刑时排成一列，每斩一人，被问下一人是否愿意投降，但是始终无人投降。

接下来，是蜀汉的诸葛亮。唐朝实行科举制度，打通了寒门士子的晋升通道，魏晋风度也风光不在，寒门士子都揣着一举成名天下知的狂躁的小心脏，诸葛亮成为他们心仪的偶像。宋代以后，尤其是南宋偏安其实心中不安，北上抗金成为文臣武将的感情寄托，而偏偏岳飞又"出师未捷身先死"（被昏君和奸臣杀害）。在这样的时代背景和意识形态影响下，矢志北伐的诸葛亮，"颜值"迅速提升，从贤臣到贤相，从算无遗策的军师到无所不知的战神，走上神坛的诸葛亮，不容我辈有半点儿亵渎。好在四川成都有武侯祠（君臣合祠），说话就有了些许底气。门联是："三顾频烦天下计，一番晤对古今情。"说的就是刘备"三顾茅庐"、诸葛亮"出山辅佐"的故事。既是士子得遇明君的佳话，更是明君贤相的神话。有史家说：刘备仁德而至圣，诸葛智多而近妖。

诸葛亮，字孔明，琅琊阳都人。而刘备三顾茅庐时，诸葛亮在隆中（相隔千里之遥远）。问题的焦点就在这里。前面已说过，诸葛亮的远祖是汉元帝时的司隶校尉（京都和周边地区的监察官），诸葛家族在琅琊当地是名门望族。诸葛亮的父亲诸葛珪是泰山郡丞。虽然东汉末年战乱弄得民不聊生，三国的那些"国家主持人"都崇尚节俭，但泰山郡"二把手"的家庭生活肯定不缺吃少穿。可惜，好日子不长。诸葛亮少年失怙（八岁时死了父亲），诸葛珪的三个儿子、两个女儿都依靠兄弟诸葛玄抚养成人。俗话说，不怕添一斗，就怕添一口。

这么大一帮人，诸葛玄靠什么养活？原来，诸葛玄是东汉末年的豫章太守。可惜，好日子又不长。朝廷派朱皓取代诸葛玄豫章太守职务（没有饭碗了），诸葛玄和他的家人生活备尝艰辛。诸葛亮年少时，曹操攻打诸葛亮的家乡。于是，诸葛玄带领家人辗转半个中国，来到襄阳投靠故交荆州牧刘表。襄阳地理位置优越，人文荟萃，云集着各地俊杰。僻静的"隆中山庄"与襄阳近在咫尺。良好的条件与环境，造就了"自比于管仲乐毅"的诸葛亮。更重要的是，诸葛家与当地名门建立起了关系网：两个姐姐"嫁入豪门"，一个姐姐嫁给了襄阳德高望重的大名士庞德公的儿子庞山民（凤雏庞统的堂兄弟）；另一个姐姐嫁给了襄阳豪强大族蒯家的蒯祺。姻亲关系也把诸葛亮"推上台面"，他的妻子是河南名士黄承彦的女儿；他的岳母和刘表的妻子是亲姐妹；当时统管荆州军马的蔡瑁，还是诸葛亮妻子的亲舅舅。于是，诸葛亮也凭借这张网建立起了自己的小圈子，颍川的司马徽和徐庶、汝南的孟公威、博陵的崔州平等一帮文人名士都活跃在诸葛亮的"朋友圈"。也正是他的"关系网"和"朋友圈"的共同发力，才有了刘备的"三顾茅庐"（不是瞌睡遇到枕头那么简单）。

诸葛亮英俊潇洒，风流倜傥，却娶了"黄头发、黑眼睛、黑皮肤"的黄月英，有人说是看重岳父黄承彦的名望，我认为其实是看重妻子黄月英的聪慧，或者二者兼而有之。诸葛连弩（武器）、木牛流马（运量工具）的发明，成就了诸葛亮"发明家"的名声，其实这份功劳应该记在黄月英的头上。据说，黄月英从小动手能力强，手工制作的木犬可以守家（智能程度高）。诸葛亮与黄月英多年无子，只好把东吴诸葛瑾的儿子拿来"押长"。后来，诸葛亮有了自己的儿子诸葛瞻后，诸葛乔仍然留在蜀汉的阵营。

诸葛亮在荆州有那么好的关系网，而名气又那么大，为什么"不入仕荆州"呢？这说明，诸葛亮也有自己的政治考量，曹操肯定不在考虑之列（有疯狂屠城之恶名），"不肯过江东"，是因为他的哥哥已就职东吴，毕竟"鸡蛋不能放在一个篮子里"。"基层干部"出身的刘备，虽然如丧家之犬，但可堪培养。建安十二年（207年），刘备开始三顾茅庐才有了著名的《隆中对》。诸葛亮为刘备提出了"跨有荆益"的战略构想，确立了"兴复汉室、还于旧都"的政治目标。建安十三年（208年），刘备带着十余万民众逃亡，折射出他的仁厚爱民，这也符合诸葛亮心中的明君形象。因此，激发了诸葛亮促成孙刘联盟的主动性，他要帮刘备找到一块立足之地。这是诸葛亮在"遂许先帝以驱驰"后做的第一件大事。

虽然，诸葛亮被刘备聘为军师，但刘备进占益州只带着法正，而让诸葛亮和关羽留守荆州。在刘备的心中，对诸葛亮的定位"正如萧何"（负责兵员和粮草）。所以，刘备称帝后，要把诸葛亮的职务明确为丞相（也如萧何）。因此，陈寿在《三国志》中，着力于赞颂的不是诸葛亮的军事天才，而是他的管理能力。丞相，就相当于"军政府"（蜀汉）的后勤部长。诸葛亮确实也把蜀汉治理得很好。他最突出的撒手锏是什么呢？就是严刑峻法，讲究公平。惩罚不避权贵、奖赏不漏平民。其实大家心中都有怨气，但因为你公平又不得不服。

要说诸葛亮最大的功绩，还是"五月渡泸、深入不毛"平定南中，搞好了民族关系，让蜀汉有了稳定的大后方。提出"攻心为上、攻城为下"的马谡，却又让诸葛亮犯了最大的错误。"街亭之失"，给诸葛亮信心满满的第一次北伐以"当头一棒"。但是，这"当头一棒"并没有敲醒诸葛亮。他执着于兴复汉室的政治理想，不顾蜀汉日渐疲弱的国力，连年北伐，六出祁山但都无功而返，为的是"不伤先帝之明"。

建兴十二年（234年），诸葛亮病逝五丈原，蜀汉乱了阵脚。到263年曹魏灭蜀，还有29年的时间，本该及时调整国家战略，采用守势、积蓄力量，而姜维又连年北伐，消耗了大量的金钱、粮食和兵员，加上宦官黄皓专权乱政，导致蜀汉上下离心，不堪一击，让钟会、邓艾为首的曹魏军队"捡了大大的便宜"。诸葛亮之子诸葛瞻也在"涪城保卫战"中英勇牺牲,让声名赫赫的诸葛家族在蜀汉"泯然于众人矣"。

十四

比起诸葛亮,哥哥诸葛瑾的"生前身后名"要小得多。但是,诸葛瑾、诸葛恪父子俩在东吴也是响当当的人物。《三国志》分别为诸葛瑾和诸葛恪单独立传,还在诸葛瑾的"传"后附有《诸葛融传》,诸葛融也是诸葛瑾的儿子之一。一家三人名见经传,说明他们在东吴混得风生水起,不容小觑。

诸葛亮长得玉树临风,英俊潇洒,在电视连续剧《三国演义》总是羽扇纶巾,然后妙计横生。却不知道,这是一个典型的历史错误。苏轼《念奴娇·赤壁怀古》:"大江东去,浪淘尽,千古风流人物。故垒西边,人道是,三国周郎赤壁。乱石穿空,惊涛拍岸,卷起千堆雪。江山如画,一时多少豪杰。 遥想公瑾当年,小乔初嫁了,雄姿英发。羽扇纶巾,谈笑间,樯橹灰飞烟灭。故国神游,多情应笑我,早生华发。人生如梦,一樽还酹江月。"这里的"羽扇纶巾"指的是三国的东吴周郎,即小乔的丈夫。这首怀古词,跟《三国演义》主题曲《临江仙·滚滚长江东逝水》的意境和意旨十分相似。或许文人骚客都能思接千载,视通万里吧。

说到长相,这里要讲一个小故事,是有关诸葛瑾"长相之怪"和诸葛恪"少年之智"的。据《孙权传》载,孙权还是吴侯的时候,一次朝堂议政,侍卫牵来了一头驴。于是,孙权提笔写了"诸葛子瑜"四个大字,贴在驴头上,弄得诸葛子瑜(即诸葛瑾)哭笑不得。一旁的诸葛恪见状,请求孙权赐笔,在"诸葛子瑜"后加了两个字"之驴"。见"诸葛子瑜"变成了"诸葛子瑜之驴",孙权哈哈大笑,言道:"把你这'驴叔叔'牵回家去。"

诸葛瑾最大的优点是公而忘私。建安二十年（215年），孙权派遣诸葛瑾出使蜀国，与刘备修好。诸葛瑾与弟弟诸葛亮以公事相见，公事之后也没有任何的"私人会见"。诸葛瑾此人从不急迫直言，弄得孙权在朝堂上经常大喊"子瑜为什么不说话"。虽然他说话总是"拐弯抹角"，但总能表明观点，说服对方。所以，即便诸葛瑾多次劝谏，也没有因言获罪，孙权甚至也没有为此发过火。

　　他最大的本事便是能打开孙权的心结。据说，吴郡太守朱治曾举荐孙权为孝廉，算是孙权的"恩人"。后来，朱治有些恃情放纵，让孙权对他有些不安逸（不满意）。而这份"不安逸"又处在"心中有话口难开"的状态，闷在心中就更不舒服了。诸葛瑾见状，便写了封信上呈孙权。孙权读后，感慨道："子瑜把我心中的疙瘩解开了。"于是，大度地原谅了他的恩人朱治。孙权称帝后，任命诸葛瑾为大将军、左都护，兼任豫州牧，儿子诸葛恪也被孙权器重。这在朝野上下看来，是多大的好事呀，但诸葛瑾却常常担忧，"恪不大兴吾家，将大赤吾族也"，意思是诸葛恪这个儿子不能兴盛我家，反而会灭我族。赤乌四年（241年），诸葛瑾安然去世。

　　再言诸葛恪，他确实也青出于蓝而胜于蓝，当过大将军，兼任荆州牧和扬州牧，还做过太傅且执掌过国政。诸葛恪最初当的官是节度官，负责管理军队钱粮。听到这个消息，叔父诸葛亮还专门致信周瑜"跨国说情"，让周瑜找孙权给诸葛恪调任其他职务。原因是，对于军队，钱粮是大事。不过，这也从侧面反映出孙权对诸葛恪的信任。这个职位干好了看不出成绩，但些小失误就会铸成大错。诸葛亮认为诸葛恪性疏（粗枝大叶），大大咧咧地干事，那就肯定容易出错，因此，才希望给诸葛恪换个岗位。

　　我们对成语"三思而行"的典故都不陌生，但你知道有人劝诸葛恪"十思而行"吗？当时，诸葛恪已年高，任大将军，驻于武昌。孙家迫于朝政压力，别无选择，决定召诸葛恪回朝辅政（太傅），后加封丞相。临入朝之前,吕岱对诸葛恪说:"世方多难,子每事必十思。"诸葛恪不高兴地回道:"原先季文子才说三思而后行,孔老夫子也才说:'再思可矣',你要叫我'思考十次',我真的就那么差劲吗?"吕岱好心劝诫,却碰了一鼻子灰。事实上,诸葛恪既是将才,更是干才,他一上位就抡起"三板斧",废除孙权晚年累累恶政,暮气沉沉的东吴有了新的气象。但是,他也做得有些过火,有点儿矫枉过正。他看不上眼的官员全部要求卷起铺盖走人,这引起了朝野上的大震动,辅政大臣孙峻对此也强烈反感。

建兴二年(253年),曾举荐诸葛恪当太傅的孙峻,暗中联合皇帝孙亮,将诸葛恪及其死党以赴宴为名诱入宫中,在宴会上将诸葛恪杀害。据《诸葛恪传》,赴宴前夕,诸葛家的狗曾数度"拉扯其衣服",似乎是感觉到主人有危险。"拿上台面"的原因是,诸葛恪伐魏大败而回,觉得丢面子,意欲再度兴兵,惹起朝野上下怨声载道,这让孙峻觉得不杀不足以平民愤。实际上,真正的原因是,孙峻是凭本家(姓孙)得以托孤,诸葛恪是凭本事得以执政。在朝政问题上,诸葛恪的东风压倒了孙峻的西风,于是孙峻面子上过不去,心中很窝火。真是知子莫如父,诸葛家族在东吴就真的被"赤灭"了(鲜血遍地)。有人说,诸葛恪是聪明反被聪明误。这话不全对。在两汉时期,知识决定命运,因为可以"学而优则仕"。而纪连海先生在评点历史人物时,却总爱说"性格决定命运"。的确如此,诸葛恪就死于他刚愎自用、恃才放旷的性格。虽然孙休即位后为诸葛恪平反昭雪,但族已灭,这个平反也只是写在《三国志》里,让后世人知道了。忠心为国的诸葛恪,因为面子问题被诱杀,确实是比窦娥还冤啊。

十五

三国时期,那些张扬个性的奇文与异士,也在历史上留下了鲜明的印记。当时，建安文学，独领风骚，以"三曹七子"为代表的文人，更是在生活中张扬着个性，被后世称为"建安风骨"。在《易中天中华史》中，他写魏晋史的书为《魏晋风度》。风骨与风度，一字之差，一刚一柔，迥异其趣。

"建安文学"得名源于汉献帝的年号——建安，到曹操去世、曹丕逼汉献帝禅位称帝改元，是为延康元年（220年）。这个时期的文学就被称为"建安文学"。三曹（曹操、曹丕、曹植），前文都已说过，但"建安七子"，分别是孔融、王粲、陈琳、徐干、阮瑀、应玚、刘桢，都没有深入涉猎。

"七子"之称，始于曹丕所著《典论·论文》，他说："今之文人，鲁国孔融文举、广陵陈琳孔璋、山阳王粲仲宣、北海徐干伟长、陈留阮瑀元瑜、汝南应玚德琏、东平刘桢公干，斯七子者，于学无所遗，于辞无所假，咸以自骋骥䯄于千里，仰齐足而并驰。"一般而言，古代不称对方的"名"，而称对方的"字"是表示尊重，这是一种口头语习惯。而曹丕在说"七子"时，是"籍贯+名+字"，这是书面语的标准。李白也曾在诗中言："自从建安来，绮丽不足珍。"曹操占据邺城后，"建安七子"中，只有孔融与曹操闹别扭，其他六个人都把曹操看成知音，先后投奔在他的麾下。也因建安七子曾同居魏都邺城，故而建安七子又称"邺中七子"。

我们都知道孔融让梨的故事（孝顺之典范），但不知道孔融弑母的事件（大逆不道）。为啥不知道呢？因为这是曹操栽赃他的。当时，曹操对孔融总唱反调而"是可忍孰不可忍"，"阴请"人诬告孔融（可能有"弑母"之说）。之后，曹操便以不孝之名杀了孔融。于是，"建安七子"之首的孔融，就因与曹操"反弹琵琶"而冤死在他的刀下，真让人唏嘘不已。

陈琳的名气，离不开那篇《为袁绍檄豫州文》。这篇檄文把曹操骂得狗血淋头，曹操恨不得食其肉寝其皮。建安五年（200年）官渡之战，袁绍大败，陈琳被曹军俘获。因曹操爱其才而不咎，署为司空军谋祭酒。由于不知道生于何年，陈琳的"寿年"不可考。

读过《三国志》，我对王粲的超强大脑佩服不已。据说，王粲与友人同行，读道边石碑，观一遍而背诵之，不失一字。又曾观人下围棋，其局乱，王粲复为重置，不误一道。据说，王粲幼时往见曹魏宿儒蔡邕，蔡邕见而奇之，倒屣以相迎，发出自愧不如的感慨。可见，他在"建安七子"中文学成就最高，也绝非偶然。他的《七哀诗》和《登楼赋》最能代表建安文学的精神。建安二十二年（217年），41岁的王粲去世。

徐干，曹操手下的"五官将文学"，其《中论》一书被曹丕盛赞，曹丕说："成一家之言，辞义典雅，足传于后。"

阮瑀年轻时也曾受学于蔡邕，蔡邕称他为奇才。不仅熟读四书五经，还具有很高的音乐修养，估计跟曲有误、周郎顾的周都督有一拼，都是跨界高手。但是，让后人记起他，还是因为他的儿子阮籍、孙子阮咸，他们都是当时的名人，位列"竹林七贤"。

限于篇幅，应玚、刘桢只留其名，虽然不知道他们生于何年，但明确知道他们都死于建安二十二年（217年）那场瘟疫。随着"建安文学"的主要代表相继病死，"建安文学"就此跌入低谷。但是，以"三曹"为领袖、以"七子"为代表的"建安文学"，不仅温暖了时人的精神世界，其折射出的建安风骨也让后世景仰。庞大的作家群体，丰富的文学作品，说明即使在战乱当中，即使在命悬一线的时刻，人们都还那么喜欢歌之咏之，那其实是一曲曲真正的生命之歌啊！

十六

最早对"建安文学"守正创新的，是魏国末年的"竹林七贤"。"竹林七贤"，是指曹魏正始年间的"七贤"，分别指嵇康、阮籍、山涛、向秀、刘伶、王戎及阮咸。因他们常在当时的山阳县竹林之下，喝酒、纵歌，肆意酣畅，世谓"七贤"，后与地名竹林合称为"竹林七贤"。

对于"竹林"，很多学者都有非议，认为并非真是在竹林喝酒。有学者指出，竹林跟三国时期逐渐兴起的玄学有关系。这个"玄"字，起源于《老子》"玄之又玄，众妙之门"。玄学，本来是道家（道教）用语。玄学派，又称新道家。"建安七子"都喜欢积极入世、建功立业，而"竹林七贤"则多选择消极避世、放浪形骸。从魏明帝曹叡时期的"浮华交会"（贵族子弟小众组织）起，到西晋再到东晋更发展为"谈玄之风"（世族名士的追求）。这个"竹林"可能是"竹林精舍"。

"竹林七贤"为什么有这样的思想和行为呢？主要是"看不来"三国时的司马家族，其夺魏之路越走越快。他们采取的态度就是"非暴力不合作"（惹不起躲得起）。

嵇康，是著名文学家、思想家、音乐家。还有一个身份是魏宗室的女婿，对司马氏的仇恨也最深。朋友山涛投靠司马氏当了吏部尚书，劝他出去做官。他不仅断然拒绝，而且写下了著名的《与山巨源绝交书》。当时，嵇康自顾自地打铁，不理睬前来拜望的钟会。虽然有经典的对话，即嵇康问："何所闻而来，何所见而去？"钟会回答："有所闻而来，有所见而去"，却让钟会心中不爽，对嵇康从此恨之入骨。后来，遭钟会诬陷，为司马昭所杀。我们喜欢把酒临风，嵇康却潇洒地临阵抚琴，名曲《广陵散》因此成为千古绝响。

阮籍，是"建安七子"阮瑀的儿子。正始十年（249年），曹爽被司马懿所杀，司马氏独擅朝纲。司马氏杀戮异己，株连甚众。本来倾向曹魏王室的他，对司马氏集团怀恨在心却又无可奈何。他采取不涉是非，明哲保身的态度，或者闭门读书，或者登山临水，或者酣醉不醒，或者缄口不言。毕竟胳膊拧不过大腿，先后服侍过司马氏父子三人，还被迫为司马昭自封晋公、加九锡之事写过"劝进文"。因此，换得司马氏对他的放纵和宽容，得以终其天年。

山涛，原先入仕曹魏，看到曹氏和司马氏争斗得烟升火起，就

"隐身不交世务"。等到司马氏掌权大局已定,又投靠司马氏为官。因为姻亲关系,他在司马氏手下也是一路顺风。山涛是"竹林七贤"中性格最沉稳的一个人,连喝酒也很有控制力,最多喝八斗。同时,也是把"学得文武艺、货与帝王家"践行得最巴适的一个人。因此,他当官最大也最久。

向秀,是魏晋时期文学家。嵇康被害,他被司马氏的高压政策"吓得进了朝堂"。"不进朝堂就进监狱",所以,向秀还是选择"活命要紧"。不过当个散骑侍郎,即皇帝的随行顾问,"下班后"就读读写写。向秀是"建安七子"中宗教倾向最明显的一个人,好老庄之学,也是对推动玄学功劳最大的一个人。今日所见的《庄子注》就是他呕心沥血的传世之作。

说到刘伶,他嗜酒佯狂,任性放浪。刘伶喝酒也喝出了专业水平,有《酒德颂》传世。当然,喝酒也一定要有节制,要记住小饮怡情、大醉伤身,每逢酒局,微醺便可。

王戎,是"竹林七贤"中年龄最小,也最庸俗的一位。据说,他性极贪吝,田园遍及诸州,仍然聚敛无数。每每自执牙筹,昼夜算计,好像永远得不到满足。他家庭园有好吃的李子树,常卖出换钱,又害怕别人得到种子,就把李子核钻个孔再出售。因此,王戎是"竹林七贤"中最为时人诟病的一个人。

阮咸,是"竹林七贤"辈分最低的一位,是阮籍之侄。他与阮籍一样放达任诞、狂浪不羁。他喜欢"跨族婚姻",曾与姑母家的鲜卑婢女私下要好,还生下一个儿子。他喝酒很豪放,不用酒杯而用大盆,"与猪同饮"曾被传为笑话。虽然他妙解音律,善弹琵琶,也是当时著名的音乐家,但晋武帝司马炎认为他"耽酒浮虚"而不用。他终日钻研音律,除了有烂酒罐之名,还有《律议》传世。

当然,《三国志》还为各国的方术之士作了传。有神医华佗,有相面的,有易经预测的,还有解梦的,纷纷攘攘,不一而足。这其中，只有华佗的神医事迹还有些科学依据，谈了病象、病理和药方，也谈了神奇的治疗效果，尚还可信。但，华佗究竟是谁？给关公刮骨疗伤的是他吗？给曹操治偏头风的是他吗？曹操杀的是他吗？都不一定是。但他"治未病"（病从浅中医），"分段施治"（在肌肤、在腠理、在骨髓）的办法，跟神医扁鹊很相似。据《三国志》载，在《庄子》"二禽戏"（熊经鸟伸）的基础上，华佗创编了"五禽戏"（一曰虎，二曰鹿，三曰熊，四曰猿，五曰鸟），用模仿动物的动作来健身。还有就是"麻沸散"，其实就是我们最早的麻醉药。此外，华佗还善于应用心理疗法治病，达到了"不药而愈、出神入化"的境地，这是现代医学需要学习借鉴的。据说，当时，有一郡守得了重病，让华佗为他诊治，华佗对郡守的儿子说："你父亲的病和一般的病不同，有淤血在他的腹中，应激怒他让他把淤血吐出来，不然就没命了。你能把你父亲平时所做过的错事都告诉我吗？我传信斥责他。"于是，郡守的儿子把他父亲的"那些年那些事"向华佗全盘托出。华佗写了一封痛斥郡守的信，郡守看信后大怒，派捕吏捉拿华佗又没捉到。盛怒之下，吐出一升多黑血，随后郡守的病就好了。

十七

据《三国志》载，曹叡曾颁布过一个很奇怪的诏令，即不准下棋。历史上，东吴的孙和在做太子时也有相同的论断。他们的理由是什么？无论输赢，都是白白浪费脑力。这也说明，曹叡是一个不尚空谈，讲求务实的皇帝。最突出的表现，就是230年的"太和浮华案"（三国宫闱第一案），曹叡下诏谴责并取缔了以曹爽、何晏、夏侯玄为首的"浮华交会"（贵族青年清谈组织）。这个组织，虽然被曹叡无情取缔，却是野火烧不尽，春风吹又生，蔓延成了魏晋的"主流意识形态"（魏晋名士的标志性动作）。因曹爽是皇室，司马师的父亲司马懿又是皇帝的亲密战友，他们都得到了宽大处理。

可惜，曹魏的皇帝，一个比一个短命。239年，曹叡也死了，年仅36岁。前面说曹叡绝对信任司马懿，其实古代君臣之间的绝对信任是不存在的。就拿曹叡指定的"1+4"的"托孤班子"来说，连曹操养子秦朗也在其中，但最有水平的司马懿却没份儿。好在这时曹叡身边有两个人——刘放和孙资，对"托孤班子"颇有微词。他们居然说动曹叡否决了"1+4"方案，然后顺着曹叡的问话，先举荐了曹爽（吓得汗出如浆），然后举荐了司马懿（远在东吴战场）。魏明帝曹叡也还是"有一手"，当司马懿倍道而行，来到床前，他说道："我之所以没有敢死去，是等着你前来交代后事。"司马懿老泪纵横，两人就这样"执手相看泪眼"，场面十分感人。于是，小皇帝曹芳被托付给了司马懿。曹芳，不是曹叡的亲生子，而是养子。曹叡的女人虽然不少，但是儿子们一个接一个早早地夭折了，弄得曹叡也认为无儿无女怕是天命注定，只好走上了抱养之路。

"爽懿体制"，说明曹爽是第一辅政大臣，司马懿则排第二。蜀汉刘备在永安托孤时也设置了两个辅政大臣，一个是诸葛亮，一个是李严，但最后只留下了诸葛亮。最先，只会"谈玄"的曹爽对司马懿还礼让三分，相处也算融洽。但这种错位让曹爽的亲党们很有意见。曹爽被他们"吹软了耳根子"，于是合谋想通过拜司马懿为太傅，企图收缴司马懿的兵权。此乃明升暗降之法。司马懿当然不爽，声称旧病复发，在家养病。曹爽派李胜去探视，带回的探病结果是"尸居余气，形神已离"。司马懿"装功"了得，瞒天过海，曹爽也因此真正地大放忧心了。

249年，皇帝曹芳去高平陵祭祖，曹爽及其亲信随同前往。大司农桓范劝阻曹爽，这让大权独揽、趾高气扬的曹爽很不爽。不料，曹爽组织的这场声势浩大的祭祖行动，给了司马懿一个绝佳的机会。此行动不仅"爽"出了高平陵之变，"爽"掉了曹家及其亲党几百条性命，还"爽"来了司马懿的人生顶峰。由此，司马懿开始大权独揽。若曹爽能听取桓范的意见，那历史可能要重写。

当时，桓范劝曹爽拿起武器，坚持战斗，建议曹爽"以皇帝号令天下勤王"。但是，曹爽挂念城中的老婆孩子和金银财宝，居然放下武器，束手待毙。他自认为，即使不做大将军了，做个富家翁也照样风流快活。司马懿不仅打碎了曹爽的梦想，而且把桓范作为曹爽死党，在东市夷灭了三族。

后来，司马氏与桓氏的生死仇恨，在东晋后期才画上句号。桓温成为实际的东晋王朝"第一人"，可以命令皇帝下达任何文件；桓温的儿子桓玄继续父亲的"皇帝梦"，干脆掀翻了司马氏的宝座，于403年称帝，改"晋"为"楚"。从桓范被斩杀到桓玄称帝，这两个事件相距154年，真是君子报仇、十年不晚啊！桓玄"大楚"的旗帜只打了没几年，就被北府军将领刘裕推翻，延续了东晋司马氏的天命。但这时的东晋已经像风烛残年的老人，离死不远，只有苟延残喘的份儿了。

话说回来，在"高平陵之变"之前，曹爽搞了一项军事体制改革，即撤销中垒军，把司马懿长子司马师统领的军队划归曹家。这是司马懿与曹爽仇怨的导火索，也是曹爽收拾司马懿的"开头炮"。当时，司马懿因对此反对无效，很不高兴，司马师更是恨得牙痒痒。随后，司马懿密令司马师，让他在民间蓄养三千死士。平时都"潜水"，战时才"冒泡"，也正是这三千死士决定了"高平陵之变"的成功。

司马懿有多个儿子，被迫出仕时，有了长子司马师，最看重的也是司马师。搞定曹爽后，司马懿实际上是曹家一把手（不再是位极人臣）。为此，曹家对他报恩式的封赏，他都会断然回绝，在曹家感觉到"不封不行"时，他就转让给儿子司马师，让他亦步亦趋地跟着自己成长。到"高平陵之变"后，司马师已经成为司马懿的得力助手，也成为曹魏政权的"政治明星"。当时，"高平陵之变"前夜，司马懿把"明天政变"的消息告诉了儿子司马师和司马昭。结果两兄弟的表现大不一样：司马昭"心中装着事儿"辗转反侧（睡不着）；司马师"无事儿一样"安然入睡（寝如常）。这样的临场表现，让司马懿终于下定了确立接班人的决心。

"高平陵之变"说明不在沉默中死亡，就在沉默中爆发。司马懿成功地扳倒政敌曹爽，走上了事业的巅峰，却也走到了人生的尽头。司马懿又平定了王陵的淮南之乱，声望更是无以复加，曹家的封赏也无以复加。251年，司马懿带着欣然的微笑，走完了他复杂的人生。好在他临死的时候，把政治资本和军政权力都传给了司马师。

司马师在哀乐声中走上了历史舞台。司马师一上台就想搞点儿响动，发起了对东吴的战争。三国时司马懿与诸葛亮"对垒"是历史的看点。但这次司马懿的儿子司马师与诸葛亮的侄子诸葛恪的"对垒"却没有那么好看。这场战争，以东吴大胜结束战事。司马师就是司马师（玩政治的高手），他不仅包揽了战败的责任，还惩罚了他的亲兄弟司马昭，即削掉侯爵。因此，虽然仗打败了，司马师却赚足了人心。

曹芳戴着天下最高贵的帽子——皇冠，却要看着司马师的脸色行事，按照司马师的意图行文，对司马师辅政即代政的做法极端不安逸。心中憋屈的曹芳，经常找国丈张缉、侍中李丰等倒苦水，表达对司马师的不满，他们甚至做出了一个自取灭亡的秘密决定：让夏侯玄代替司马师。嗅觉灵敏的司马师，以"迅雷不及掩耳"的速度，一举粉碎了这个"小集团"。

这个获罪的侍中李丰，他的大女儿嫁给了西晋的"开国功臣"贾充，后来因父亲犯罪，被流放。贾充的第一个夫人李夫人被迫离婚。虽然司马炎专门下诏令，允许贾充有"两个夫人"，可是后来贾充的第一个老婆却坚决不同意，两人也只有"执手相看泪眼"，然后"劳燕分飞"。

当时，曹芳倒没什么事儿，但失去了国丈，又失去了皇后。司马师对曹芳另有想法,想过一把废立皇帝的"手瘾"。正应了那句俗话,天不怕地不怕,敢把皇帝拉下马。司马师效法伊尹和霍光,通过郭太后的懿旨,把曹芳打回原形,还原为齐王。之后,曹芳重当齐王的生活状况,在《三国志》中不置一词,没有记载。

在"换届候选人"的问题上,司马师和郭太后有些意见分歧。司马师要立曹操之子曹据,郭太后认为,叔父辈的曹据当皇帝,她这个太后情何以堪,于是提议曹髦当皇帝。司马师毕竟借用郭太后名义废掉曹芳,因此最终达成一致意见,把曹髦放到了皇帝的宝座上。司马师主持、司马昭主战的这场政变,让曹髦有了人生的意外之喜,感恩戴德地加封司马师为相国。司马师也很聪明,如果接受相国之封就表明政变是为了自己,于是态度坚决地表示不接受(固辞不受),想以此堵住朝臣和国人的嘴巴。

其实,曹芳掀起的"倒司马运动",在军界也有支持者。曹芳被废为齐王的第二年,扬州刺史文钦和镇东将军毌丘俭联袂上场,以郭太后的名义宣布起兵讨伐司马师(请他下台)。真是哪壶不开提哪壶。当时,司马师眼中的瘤子刚做过手术,正在痛苦地疗伤。但是,这场仗不去打又不行。为了保险起见,司马师决定"肩舆而东",带病出征。最终,此仗还是打赢了,而且打得漂亮。但司马师的眼珠却"出脱于手"。在这样的惨状下,他却咬住被子毫不声张,司马师的忍功着实令人佩服不已。

凯旋的司马师没有一点儿快乐(眼睛痛得不要不要的),或许是病痛难忍,或许是觉得大限将至,他派人把兄弟司马昭找来。司马师风光多年,但却像魏明帝曹叡一样没有儿子。于是,自然而然地,大权就只有移交给司马昭了。有史家说:"司马懿选择了司马师,但历史选择了司马昭。"此言不虚,历史在这时跨入了"司马昭时代"。

十八

曹髦捡了个皇位，由于对中兴夏朝的少康十分羡慕，他也想当个"中兴之主"。当时，司马师的突然去世，给了他中兴曹氏的机会。因为如果司马昭顺利接班，无异于打破了他的中兴梦。于是，博学少年曹髦在高规格办理司马师丧事的同时，下达了一个诏令：司马昭去许昌留守，大军由傅嘏率领回京。但让曹髦没有想到的是，这个傅嘏是司马昭的死党（好友），他与钟会一起"撕毁了文件"，抗命不遵。司马昭因此躲过了一劫。对抗与对话，是两种不同的斗争形式。曹髦见对抗不行，那就转为"对话"。于是，封司马昭为大将军加侍中、都督中外诸军事、录尚书事，然后再加一项特权，即可"剑履上殿"。结果，司马昭对任命照单全收，独独对特权坚决不要。

此时的曹髦，也没有失去全部的自由和权力，他的手中还有三项特权：一是可以自由地上朝，接受群臣的高呼"万岁"；二是可以自由地改元，比如嫌弃"甘露"年号不吉利，改成"景元"；三是可以自由地加封司马昭及其亲党，但曹氏除外。为了改善与司马昭的紧张关系，曹髦在"加九锡"的路上阔步前进，将皇帝的"专用品"不断变成与权臣的"共用品"，让其享受皇帝待遇。不过，这一次，曹髦还是有所保留，只赏赐给司马昭三样东西：龙袍、皇冠、红色长靴。

读过《三国志》，你会发现，汉献帝赐给曹操的皇袍是朱红色的，长靴也是红色的。这说明两汉和曹魏的龙袍"并不黄"，而是朱红色，还有魏明帝"上不愧苍天，下不愧朱衣"可以为证。其实，皇袍用什么颜色并没有一定之规。史载，西周、东周时期，天子皆着青衣。春秋战国时期，皇袍更是五花八门（萝卜青菜各有所爱）。秦灭六国后，倡导"车同轨，书同文，行同伦"，按照"秦属水德"，水为黑，秦始皇的皇袍就是黑色的，连军旗也是黑色的。汉初的皇袍也是黑色的，但汉文帝刘恒发表了不同看法。他认为，汉灭秦，秦为水，汉则为火，火为红。"五行说"的算法众说纷纭,西晋的开创者司马炎说"晋为金",于是司马氏的皇帝们就都穿着十分显眼的大红袍。

有考据者说,"黄色"作为帝王专用衣,起于隋唐而定于北宋。据说,隋文帝杨坚、隋炀帝杨广的龙袍是柘黄色。唐朝的开国皇帝李渊不可一世,做出强硬的规定,禁止民间穿黄衣。这一规定虽执行得不够严格,但黄袍这时才基本定型。我们都知道,北宋的开局颇有戏剧性:一是"陈桥兵变",二是"杯酒释兵权"。960年,赵匡胤欺负后周柴家孤儿寡母,就以"契丹南下进攻"的传闻带兵出征,驻扎在陈桥驿。众军士以黄袍加其身并拥立为帝。随即带兵回京,轻而易举地夺取了后周政权,扯起了赵宋大旗,史称"陈桥兵变"。从此,黄袍正式成为皇权的象征,黄色亦成皇家专用色。

司马昭主持下的"军政集团"是不是铁板一块呢?也不尽然。司马昭早就怀疑诸葛诞跟自己不是一条心,为了得到确切的答案,就派中护军贾充去刺探情报。当时,传回来的报告认为诸葛诞是坚定的保皇派,将誓死保卫皇帝曹髦。我们知道,曹爽搞司马懿的小动作是尊为太傅,结果弄出了"高平陵之变",让司马氏独揽了曹魏大权。司马昭这次也依葫芦画瓢,就把诸葛诞升为司空,目的是让他入朝为官,夺其兵权。

诸葛诞知道自己被司马昭"惦记上了",夺其兵权尚在其次,脑袋搬家或在所难免。于是,他采用进攻就是最好的防守的军事理念,广集粮草,加固城防,强兵自固。

诸葛诞怒火中烧,人就有些情绪化。他忘记了那个来跟他"摆龙门阵"的贾充(刺探情报),反而怀疑是扬州刺史乐綝打的小报告,就斩杀了乐綝(真是死得冤)。同时,派儿子诸葛靓去东吴搬救兵,准备跟司马昭血战到底。

攘外必先安内,这是蔡东藩写完《中国历朝通俗演义》时的感慨。既然内乱来了,那就必须坚决平定。因为东吴、西蜀都还在窥视曹魏,这次内乱极有可能导致外患。于是，255年，司马昭开始了掌权以来的第一次出征。

司马昭吸取了"高平陵之变"的经验教训，为防止后院起火，怕曹髦在后方捣鬼，于是就带着皇帝曹髦、郭太后一起上战场。这也是历史上开天辟地头一回的事儿。这次，对于诸葛诞的反叛，不是天不帮忙，而是东吴不给力。当时，东吴援军被曹魏诱降，甚至于东吴想渔翁得利，还帮了倒忙。最终，诸葛诞被曹魏军队所杀。

但司马昭跟他父亲不一样。司马懿平定辽东打了胜仗，进入襄平城，杀了十五岁以上的男子七千多人，斩杀燕国公卿大臣和将军两千多人，还把尸体堆积起来，命名"京观"。而司马昭这次决心以德服人，只是少量杀戮，大多宽免了事。当时，由于这一仗打得漂亮，司马昭信心爆棚，准备乘势，踏平东吴。幸好他身边还有两个明白人：一个是王基（司马懿从基层提拔起来的），一个是钟会（跟司马师是铁哥们）。这两个人生拉活扯地让司马昭振旅而归，班师回朝。从后来的历史看，当时是255年，蜀国263年才灭，东吴280年才灭，正如王基所言，时机还不成熟呢！

曹髦亲眼所见司马昭又获战功，就干脆把封赏做得"一步到位"，以司马昭为相国、封晋公，加九锡。虽然曹髦"九封之"、司马昭"九拒之"，如同演戏一般有声有色，但司马昭的那些死党坐不住了，他们知道劝进之功也是功，而且往往更能得到其欢心，于是搬出"天予而不取，必遭天谴"的古训，极力劝进。还请了曹魏第一笔杆子阮籍来写"加九锡"的劝进表。

阮籍是个豪饮之士，因步兵营有好酒，就申请调任步兵尉，获得了"阮步兵"的称号。这个《劝进表》，当时阮籍是不想写，就狂饮烂醉，想蒙混过关。之前，司马懿来提亲，阮籍狂醉两月，让司马氏开不了口。可这次，此法不再行之有效。烂醉如泥的阮籍，抗不住司马昭众多死党们的死缠烂打，提笔上阵，竟然一挥而就。一片片啧啧之声，证明了阮籍确实是文采了得。

然而，司马昭还是辜负了死党们劝进的一片真情，曹髦的诏令成了一纸空文。司马昭这个举动，着实让人看不透，猜不出他的心里在想什么。上有皇帝封诏，下有死党劝进，时机难道还不成熟吗？不是说"司马昭之心，路人皆知"吗？难道司马昭当时还没有篡逆之心？或者如曹操"我只做周文王"，把好事让给自己的儿子司马炎？历史的发展也雄辩地证明，"司马昭之心"，就是让儿子司马炎去开创西晋的新天地。

259年，有人上言，宁陵井中出现黄龙。这本是好上加好的"祥瑞"，哪知却触动了有如"井底之龙"的曹髦的恻隐之心。他奋笔疾书《潜龙诗》，"伤哉龙受困，不能跃深渊。上不飞天汉，下不见于田。蟠居于井底，鳅鳝舞其前。藏牙伏爪甲，嗟我亦同然！"读起来，这似乎只是曹髦的一首感怀诗，但司马昭却"对号入座"，十分震怒，剑履上殿，兴师问罪，搞得曹髦战战兢兢。曹髦苦闷至极，就想起改元，把甘露改为景元。当时，朝廷改元，就要封赏一批大臣，曹髦只得再次加封司马昭。可是，这一次，司马昭却连辞让的古礼也不讲了，毫不客气地笑纳了。

曹髦明显地感觉到了生存的危机，担心司马昭行废立之事，或篡逆之举，于是找来侍中王沈、尚书王经、散骑常侍王业，说出了那句千古名言："司马昭之心，路人所知也。"他愤愤地想道："与其坐而待亡，孰若起而拯之"？曹髦透露出了想要剿灭司马昭、夺回大权的心思。可这三人对曹髦并不"巴心巴肝"（全心全意），他们认为曹髦的行为很不靠谱，明摆着是送死。于是，王沈、王业为了脱掉干系，跑去向司马昭打了"小报告"。

俗话说，不打无准备之仗。曹髦有准备，但只有身边几个卫士和仆人。司马昭也有了准备，派出中护军贾充带兵，前来应战。然而，力量的悬殊并没有消减曹髦的斗争决心，他毕竟是皇帝。正是这个皇帝身份，把贾充的部队给镇住了。最终，打破僵局的是贾充身边的太子舍人成济。面对挥剑前来的曹髦，他抡起一把长矛刺穿了曹髦的身体。这个事件，发生在260年。

这是一个绝无仅有的历史事件，司马昭必须出来收拾局面，但他又不想背上历史的骂名。据《三国志》载，（司马昭）请大家来商量解决办法，尚书仆射陈泰不愿到场。陈泰是曹家忠臣，《三国志》说，曹髦死的当年，陈泰也忧愤而死。陈泰不来，司马昭只好派专车去接。朝议时，司马昭哭述了事件真相后说"若之何"（怎么办）？陈泰愤言"独有斩贾充，少可以谢天下耳"。这句话让司马昭喜忧参半。喜的是陈仆射并没有怪罪于他；忧的是贾充是他的"好兄弟"，他并不想杀。从后来的历史看，西晋开国功臣贾充之女贾南风搅起"八王之乱"，让司马家的天下乱得一塌糊涂，若司马昭地下有知，也一定会追悔莫及。

那个一矛刺死皇帝曹髦的成济，自认为立下了齐天之功。可在司马昭最终给的解决方案里，他却是犯下了滔天之罪，因大逆不道被斩杀且夷灭三族，这怕是他做梦都没有想到的。后来，司马昭连死人也不放过，居然追夺了曹髦的帝号。

都说国不可一日无君，曹髦死后，皇帝的宝座仍然空着。于是，司马昭与郭太后商议，把曹奂这个"店招"挂出来，继任帝位。郭太后这个太后当得也真是窝囊，虽然她当皇后的时间短，当太后的时间长，但她绝对比不上王政君（王莽的姑姑）。王莽篡汉，王政君还把大汉玉玺摔缺了一只角。而这个郭太后呢，别看司马氏每次废立皇帝都是她的意见，却都不是她的真实意思，她是一个"传话筒"。

解决了皇帝的人选问题，曹魏又在司马昭主持下，正常运转。在曹魏内部，此时的司马昭已是一言九鼎了。过于平静的生活，一定会陷于平凡的境地。司马昭不想平凡下去，他生出了"攘外"的想法，开始了一统天下的征程。这一次，他把目光聚焦到了西蜀。263年，他派钟会、邓艾率军伐蜀。这两位很争气，也很有运气。曹魏大军还没到成都，蜀国的刘禅就举手投降了。值得注意的是，这两个家伙的结局很惨，都没得好死。当时，邓艾为了维持战后的稳定，请愿安抚降兵，他引《春秋》之义，认为"春秋之义，大夫出疆，有可以安社稷，利国家，专之可也"。但是，本已专擅朝纲的司马昭对此很不安逸，认为事当须报，不宜辄行。于是，邓艾被"槛车送京"，途中被砍了头。当然，这里面也少不了钟会的"功劳"，因为他嫉妒邓艾在灭蜀之战拔得头筹。至于钟会，野心勃发，联合姜维举兵反叛，扬言要打到北方去，消灭曹魏。奈何事败，被自己的军士杀死。司马昭对这两个人尤其是钟会是早有防备的。当时钟会事起，他的十万大军就已在长安等待了。

263年，刘禅投降，蜀国从三国名单中消失了。不久司马昭因此又获得一项加封，即晋王。这是曹魏政权封的第一个异姓王，正如曹操是东汉政府封的第一个异姓王。从历史的发展进程看，皇帝封异姓王，其实无异于自掘坟墓。司马昭和他的父亲（司马懿）一样，权力达到了顶峰，生命也走到了尽头。晋王的王冠才戴了没多久，时光流转到265年，司马昭突然死了。虽然没有什么遗嘱，但他还是在临死前对着一帮手下指了指他的儿子司马炎。这一指的意思十分明确。

此时的司马炎，已经被父亲司马昭培养成了副相国。而父子都是相国这一政权格局只出现在三国时代，而且有两对：一是曹操为丞相，儿子曹丕为副；二是司马昭为相国，儿子司马炎为副。曹操一死，曹丕就进位"魏王"，曹操的新坟墓还没长草，曹丕就叫汉献帝禅让了。司马炎也学曹丕，在父亲司马昭的坟墓土还未干的时候，司马炎就把皇帝曹奂废为陈留王，自己登基称帝，成为西晋的开国之君。

三国的征与伐，司马家族才是最大赢家。三国历史上，最牛的一个家族是诸葛家族，魏蜀吴三国都记录了诸葛家族的丰功伟绩。而得利最多的一个家族，就是司马家族。他们几乎都在曹魏的阵营内"稳步成长",经过三代四人(司马懿、司马师、司马昭、司马炎)的努力,实现了从辅佐曹氏、掌控曹氏、篡夺曹氏的历史性转变。265年,终于办完"过户手续",把曹魏的"资产"据为己有。司马成为两晋王朝的"国姓"。读过《三国志》,你会发现司马家族是曹家的"好学生",在三国时名利双收,而在两晋时却是名利尽失,生活过得很苦不说,甚至连从曹魏篡夺的江山也弄丢了(这是后话)。

《三国志》说,司马家族乃帝高阳之后。追踪到的远祖是司马卬。这个司马卬,在楚汉相争时做出英明抉择,从项羽的阵营弃暗投明,投奔刘邦,成为西汉的开国功臣。在西汉,司马家族也是人才辈出,二千石的高官不少,尤其是文学上的成就突出,有"文章西汉两司马"的赞语。那个因言获罪的司马迁,忍辱负重写出旷世名作《史记》;那个与卓文君私奔的司马相如的辞赋也曾享誉千古。

十九

我们习惯说三国时代或者三国文化,但是,鲜为人知的是,在东汉末年军阀混战的大格局中,其实有"五个国家"。除了我们熟知的魏、蜀、吴"三国鼎立"外,还有另外两个国。

一是袁术于建安二年(197年)建国称帝,国号仲氏,自称仲家。那时,袁绍、袁术这对堂兄弟都是响当当的人物,因为他们都出自四世三公的袁门,可谓是名副其实的官二代。

在那一年,"挟天子以令诸侯"的曹操为解除许都的威胁,进攻张绣,可先胜后败。曹操把张绣的婶娘(张济夫人邹氏)收为己有。张绣举兵反叛,曹操痛失长子曹昂、族子曹安民,还有贴身侍卫典韦。战败之后,曹操畏袁如畏虎,居然要把汉献帝封的大将军称号让给袁绍,请袁绍不要趁人之危。

袁术,字公路。那条"代汉者当涂高"的谶语曾多次激荡着袁术的心，他自认为"当涂乃公路是也"。于是，袁术从孙策那里强行要来"传国玉玺"（征伐江东的抵押物）后，在寿春悍然称帝。

袁术称帝，孙策最不安逸，马上与他断绝交往（玉玺要不回来了）。其他军阀也聚集寿春，对寿春围而攻之。建国不到两年，袁术就因军阀的围攻，于建安四年（199年）在寿春吐血而死。"仲氏"国虽然没有掀起多大的历史风浪，但这个国家比魏、蜀、吴建国的历史都早得多。或许因为亡于三国鼎立之前，官渡之战还没打响，忙于混战的各路军阀、忙于逃难的当地人民，就把这个"仲氏"国忘到爪哇国去了。

二是在军阀混战、相互攻伐的时候，在辽东还有一个割据势力，公孙氏先称辽东王，后称燕王，一直处于对外半独立，对内全独立的状态，俨然是三国时代的"第四国"。

辽东指的是古代大梁水及辽河以东广大地区，战国、秦、汉都曾在这里设辽东郡，包括现在辽宁省大部分地区，治所在襄平。这个辽东国（燕国）存续了48年，它跟魏、蜀、吴三国都有多多少少的联系，在三国时代很有影响力。

远的不说，就从东汉末年天下大乱说起。东汉初平元年（190年），公孙度被董卓任命为辽东太守。董卓的战略意图是，让公孙度牵制河北军阀刘虞和袁绍。公孙度系庶民出生，没有世家大族的身份。因此，在辽东这块地盘上，根本没有人拿正眼瞧他。这时，他有个本家公孙昭任襄平令。这个小小的襄平令也没把新任太守公孙度放在眼里，居然要求公孙康（公孙度子）去给他服役。公孙度"是可忍孰不可忍"，当场抓捕公孙昭，乱棍打死。辽东官吏和土豪，也被公孙度顺手打死了一百多个。真是打出了威风，才稳定了局势。之后，公孙度又露出另一手，招贤纳士，设馆开学，广招流民。辽东从此出现政令畅通、民安郡富的良好局面，仿佛东汉末年的世外桃源。

当时，中原地区曹操、袁绍等群雄争霸，各地军阀无暇东顾，公孙氏趁机自立为辽东侯、平州牧。公孙度安闲地生活在辽东，但也有不安分的想法，那便是取曹袁之争的渔翁之利。这想法还没付诸实施，他的人生在204年走到终点站。

儿子公孙康改变了父亲遗志，让各路军阀打他们的仗，他要去开辟新的天地，即东征高句丽、西伐乌桓、南取辽东半岛，深入朝鲜半岛，还把隔海相望的胶东半岛划进自己的账户，俨然成为独霸一方的诸侯（其实是个土皇帝）。建安五年（200年），对于曹操来说是大顺之年，他在"官渡之战"击败头号对手袁绍，杀了袁绍长子袁谭，其次子袁熙、三子袁尚逃到幽州北部的乌桓部落。曹丕也获得巨大的人生利益，抢到了袁熙之妻甄氏。当时，曹操意在兵指南方，无暇他顾，公孙康过了几年幸福生活。

建安十二年（207年），曹操挥鞭，远征乌桓，占领乌桓老巢柳州，杀了乌桓首领，返回途中也留下了《观沧海》的传世名篇。而袁氏兄弟则处于"皮之不存毛将焉附"的境地，只好仓皇逃遁辽东，投奔公孙康。公孙康也不傻，杀了袁氏兄弟，将首级献于曹操。曹操表奏公孙康为襄平侯、左将军。从此，辽东名义上归顺"汉廷"，实际上是治外之地（自治地区）。这是辽东国跟曹操主持的"汉廷"的第一次政治关系。

无论是《三国志》的纪与传，都对这个辽东国的记载语焉不详。等到公孙康儿子公孙渊即位，公孙氏在辽东已历四代，曹魏则是魏明帝（曹叡）在位。魏太和二年（228年），公孙渊夺了叔父公孙恭的位子，被魏明帝拜为扬烈将军、辽东太守。

公孙渊，字文懿，是个野心勃勃的家伙。不甘心做魏国的辽东太守，想要自己称王称帝。于是，玩起了小花招。就在这一年，东吴周鲂诈降，曹魏与东吴大战于石亭，大败而归，连被曹操呼为吾家千里驹的曹休，也真正"休息"在了东吴的战场上。从此，曹魏不敢再轻易招惹东吴。过了三年的安生日子，孙权到了知天命的年龄（即50岁），于是把232年改为嘉禾元年。

善于"看盘盘"的公孙渊，遣使跨海向东吴孙权称臣，还约东吴派兵万人去辽东合力伐魏。孙权这时已是个老糊涂，认为这是改元的新气象，比"东海出现黄龙"（祥瑞）还高兴，于是不顾群臣反对，来了个豪封，封公孙渊为燕王，外加大批金银财宝的赏赐，并派万人大军远渡重洋前往辽东。孙权天天等着大军凯旋的好消息，却等来了一个天大的坏消息，公孙渊采用分而治之的办法，已把东吴大军全部消灭。不仅如此，还提着东吴使者的脑袋向魏国称臣。曹叡为了笼络公孙渊，拜他为大司马，封乐浪公。孙权大骂公孙渊忘恩负义，差点儿像刘备发起"夷陵之战"那样，尽起东吴之兵杀向辽东，幸好被陆逊给劝住了。如此看来，公孙渊不过是曹魏使用的一枚棋子，想借此削弱东吴的实力。

为了彻底解除攻吴伐蜀的后顾之忧，魏景初元年（237年），魏明帝曹叡派幽州刺史毌丘俭进攻辽东，但却被公孙渊打得满地找牙。此时，公孙渊认为自己可以跟魏国"掰手腕"了，便正式独立，自称燕王，设置百官，改元绍汉。更可笑的是，他还联络鲜卑单于，准备夹击曹魏。但"瘦死的骆驼比马大"，曹魏的复仇之战在景初二年（238年）展开，魏明帝派遣司马懿率领四万军队直扑辽东，敲响了公孙渊及其辽东国（燕国）的丧钟。

二十

诸葛亮这么厉害的人，都不是司马懿的对手，更不要说公孙渊了。司马懿真是神算子，他回答曹叡道："去的路上一百天，战斗一百天，回来一百天，修整六十天，刚好一年。"238年，司马懿在辽河边砍下了公孙渊的脑壳，平定了辽东，彻底消灭了"第四国"。待司马懿凯旋回到了洛阳，时间的脚步就接近239年了。

司马懿平定辽东，是他军旅生涯中最浓墨重彩的一笔，而"襄平屠城"则成了他人生最大的污点。据载，大功告捷时已是秋八月，辽东已经开始飘雪，士兵们饥寒交迫，请求发放棉衣，而司马懿却不同意。据《晋书》记载，时有兵士寒冻，乞襦，帝弗之与。或曰："幸多故襦，可以赐之。"帝曰："襦者官物，人臣无私施也。"有史家分析说，司马懿可以肆意屠城，而对士兵刻薄寡恩，此乃是司马懿做给魏明帝曹叡看的手段（恶名我背，好事你做）。这样的分析也有一定道理，体现了权臣的生存智慧。这样的生存智慧，对于司马懿来说，运用得十分巧妙。诸葛亮唱"空城计"，吓跑了带军而来的司马懿。司马懿真看不懂吗？或许是假装看不懂，他的心里装着存敌存己的大智慧呢！

三国时期你争我夺，重灾区却只有三个。读过《三国志》，看过《三国演义》，你会发现有三个地方是战争的重灾区，一个是荆州，一个是汉中，一个是合肥。

诸葛亮《隆中对》说："荆州北据汉、沔，利尽南海，东连吴会，西通巴蜀，此用武之国，而其主不能守，此殆天所以资将军，将军岂有意乎？"鲁肃给孙权的设想是，先取荆州后取益州，和曹操南北对峙，最终消灭曹操建立霸业。曹操也不傻，有了荆州就更方便他对蜀汉和东吴下死手。

荆州在当时被称为"天下之腹"，赤壁之战就是在荆州打的，"三巨头"唯一一次会见也是在荆州。前文已经说过，赤壁之战，奠定了"天下三分"的格局，而集中表现在魏、蜀、吴"三分荆州"。战后，荆州被曹、孙、刘（那时还不叫魏、蜀、吴）三人瓜分，曹操占有南阳郡及江北的江夏郡，孙权占有南郡和江南的江夏郡，刘备则独占长沙、零陵、桂阳、武陵四郡。对刘备来说，荆州四郡是他人生的第一块根据地。著名的借荆州，其实借的是南郡。孙权为什么要借荆州给刘备？有史家分析是孙权想避开曹魏的兵锋，不想直接面对曹操。

三个政权（曹、孙、刘）皆屯重兵在荆州。这个地方就像一个火药桶，多战事也就无可厚非了。赤壁之战，孙刘联盟击败了曹操八十万大军，大概是荆州史上最大的一场战事。围绕荆州，曹、孙、刘三家在此联袂演出了两场历史大戏。一个是刘备得了益州后，孙权想要讨回之前借出的南郡，刘备赖着不还，双方剑拔弩张。此时，曹操"出来解围"，进军汉中。汉中是益州的桥头堡，刘备担心益州有失，便跟孙权罢兵言和。这个言和的结果是刘备被迫让渡在荆州的部分利益，把自己的荆州四郡，湘江以东的部分割让给孙权，只保留湘水以西的部分。另一个是关羽奇袭襄樊，水淹七军，擒获于禁，斩杀庞德，威震华夏。曹操想迁都以避其锐。曹魏告急，孙吴趁机"出来帮忙"，派吕蒙偷袭，关羽腹背受敌，败走麦城。孙权把关羽的头装在木盒里"快递"给了曹操。这次战争，蜀汉被彻底赶出了荆州。

在三国争战的历史上，也只有荆州才是三家参战，其余的战事都是两家对垒。论战争的频繁程度，荆州远不如汉中。汉中原是张鲁的地盘，东邻曹魏，南邻益州。建安十六年（211年），益州牧刘璋听说曹操遣兵汉中讨伐张鲁，于是采纳张松迎刘备以拒操的建议，派遣法正将兵迎刘备。所谓请神容易送神难，刘备毫不客气地鸠占鹊巢。不久，益州易主。汉中是一个战略枢纽，地处在大巴山与秦岭之间，有汉水从中流过，东西绵长，往西可通陇右，往东可通南阳盆地，而由南阳盆地北上可入中原，南下可入荆襄。对于曹魏来说，汉中是进入益州的方便之门，对于蜀汉来说，汉中是防护益州的生命之门。

接着，刘备和曹操为了争夺汉中大打出手。建安二十二年（217年），刘备派大将马超、张飞、雷铜、吴兰攻打下辩，结果雷铜、吴兰战死，马超、张飞败逃，刘备初战不利。第二年，刘备坐镇阳平关指挥作战，曹操也亲临前线，两军进入相持阶段。后蜀军定军山大捷，黄忠斩杀夏侯渊，蜀军一战定乾坤，赢得了汉中之战的最终胜利。汉中有了归属，但战火仅消停了十年。蜀汉建兴六年（228年），诸葛亮听说曹休败亡在东吴战场，魏兵东下，关中空虚。这个利好消息点燃了诸葛亮北伐的激情，先后六出祁山，最终诸葛亮累死在了五丈原。姜维接过北伐的旗帜，多次把汉中拉入战争的泥潭。

汉中是蜀魏的边境，交战双方是曹魏和蜀汉，东吴和曹魏的主战场则是江淮地区的合肥。建安五年（200年），孙策攻下合肥，命顾雍镇守，合肥成为江东军事重镇。不久，孙策遇刺身亡，合肥的"产权人"变成了曹操。作为曹魏与东吴对垒的桥头堡，曹操将它打造得固若金汤。建安十三年（208年），赤壁的战火刚刚熄灭，孙权就御驾亲征合肥。吴军久攻数月，却未能破合肥城一砖一瓦。见曹魏援军已到，孙权只好无奈地撤回。建安二十年（215年），曹操挥师汉中，合肥守军不足万人，孙权又打起小算盘。东吴于陆口屯兵十万，剑指合肥。合肥城中虽然只有数千士兵，但镇守合肥的大将不可小觑，都是三国时期的名将，即张辽、李典、乐进。吴军围城半月都没能得寸进尺，适时军中又闹起了瘟疫，孙权无奈，只得班师回朝。张辽见孙权撤军，亲率数百轻骑截杀，于逍遥津大破吴军。张辽威震逍遥津，如果不是张辽认不到孙权相貌，恐怕孙仲谋就要坐曹魏的班房了。《三国志》中言："合肥之役，辽、典以步卒八百，破贼十万。自古用兵，未之有也。"但是，孙权依旧不死心，之后又三次试图夺回合肥，可惜均无功而返。三国时期，合肥城经历了近十次大小战役，真可谓三国时代最大的"战事重灾区"。

二十一

三国时代那些"帅哥美女"，也是需要说一说，权当这部"愚夫说史"系列的佐料。按照"女士优先"的优良传统，先说美女。要说三国时代的美女，首推貂蝉。因为她位列中国古代四大美女排行榜第三位（西施、王昭君、貂蝉、杨玉环）。"四大美女"共同享有沉鱼落雁之容、闭月羞花之貌的美誉，但"沉鱼、落雁、闭月、羞花"也都是有典故的：

"沉鱼"讲的是西施浣纱的故事;"落雁"指的就是昭君出塞的故事;"闭月"是述说貂蝉拜月的故事;"羞花"谈的是杨玉环贵妃醉酒观花的故事。

貂蝉外貌美,心灵更美。在《三国演义》里,她是东汉末年司徒王允的艺伎,见东汉王朝被奸臣董卓所操纵,于月下焚香祷告上天,愿为主人分忧。王允设下连环计,用貂蝉做诱饵,挑起吕布浓烈醋意。于是,吕布趁董卓酒醉,杀死了他。但是,在《三国志评话》里,貂蝉则是吕布的原配妻子,战乱中流落,沦为王允的婢女。王允得知其身世后心生一计,设家宴款待太师董卓,让貂蝉与董卓见面。王允又设宴招待吕布赴会,让他与原配妻子相会,并承诺改日让他们正式团聚。之后王允便送貂蝉到董卓家,董卓色迷心窍,当晚便共赴"云雨之好"。吕布得知,勃然大怒,提剑入堂杀死醉倒的董卓。无论出身地位、身份如何,但貂蝉"间接杀死"董卓可能是真的,这也显示出了这位绝色女子的胆量与智慧。也正是董卓的被杀,促成了之后曹操、刘备、孙权等人的崛起,也才有了接下来的三国故事。

三国美女中,最幸运又最不幸的是大乔和小乔两姐妹。曹操在白门楼杀死了吕布,貂蝉从此不见踪迹。孙策、周瑜带兵攻打宛城。此战打得漂亮,战利品更漂亮(大乔、小乔),创造了"英雄美女"的婚姻佳话。此后,孙策准备趁曹操全身心投入官渡之战的空当,迎接汉献帝来江东,却在一次狩猎时被刺身亡,大乔就成了寡妇。好在有小儿子孙绍,她才勉强地活了下来。但孤儿寡母的生活,再好也好不到哪里去。而小乔的幸福生活也没多长久,周瑜英年早逝,小乔的记载也从此消失。

甄妃作为袁绍儿子袁熙的妻子,能迷倒曹操、曹丕、曹植"爷仨",肯定是貌美如花吧。当时,曹丕不顾曹操有令不得进入,而擅闯袁府,抱得美人归。有言道,曹植为此神经错乱了,含恨写下了《洛神赋》,还与她有频繁的诗歌唱和,惹得曹丕吃飞醋。曹丕也不是个"好东西",

喜新厌旧，后来竟然把甄皇后赐死，让魏明帝曹叡小小年纪就失去了母亲。

那个让关羽也垂涎三尺的杜氏，原是吕布手下秦宜禄的女人。吕布多次给秦宜禄戴上"绿帽子"，秦宜禄都只有忍气吞声。曹操攻打吕布时，关羽正在曹营报恩。战前战后，关羽曾数次向曹操请求，要娶杜氏为妻，曹操每次都欣然应允。当时，关羽的再三请求激起了曹操的好奇心，派人把杜氏叫到跟前一看，居然有倾城之貌，色心大发，直接揽入怀中。关羽要执意逃奔刘备，桃园结义是主要因素，曹操食言强占杜氏，或许也是催化剂吧。不过杜氏也还算幸运，曹操把她的儿子秦朗当亲儿子看待。

如果说，又是美女，又是才女的，肯定非蔡文姬莫属。蔡文姬的人生经历很不平凡，东汉时嫁给卫仲道，不久卫仲道不幸病亡，蔡琰选择回到自己家里。后中原先后有董卓、李傕等作乱关中，匈奴趁机劫掠，蔡琰被匈奴左贤王掳走，在北方胡地生活了多年，并生下两个孩子。此后，曹操见"国学宿儒"蔡邕膝下无子，生活清苦，就用金币将蔡琰从匈奴赎了回来，让蔡文姬有了"别子归汉"的辛酸。曹操把蔡琰嫁给董祀（屯田都尉）。董祀犯了死罪，蔡琰去找曹操给董祀求情。曹操说："降罪的文书已经发出去了，不好办。"蔡琰说："你马厩里的好马成千上万，勇猛的士卒不可胜数，还吝惜一匹快马来拯救一条垂死的生命吗？"曹操被蔡文姬感动，赦免了董祀。

蔡文姬的父亲蔡邕，是东汉有名的学者，精通天文、历法、数学，对音乐、文学的造诣很深，同时，也是书法家和经学大师。文姬自幼聪明好学，受书香世家的熏陶，少女时代的她就已经长于文学和音乐。蔡琰归汉后，伤感悲愤之余作《悲愤诗》二首，还创作了《胡笳十八拍》，还凭着自己的记忆，把父亲曾教她背诵的四百多篇作品回忆出来，得以流传后世。我们今天所看到蔡邕的作品，就是这样保留下来的。看来，曹操赎回蔡文姬这个简单的人性之举，还为中国文化事业做出了巨大贡献。很可惜的是，此后再无蔡琰相关记载，卒年也不详，留给我们的只有一声叹息。

　　上面这几个三国美女，都跟曹操有或多或少的联系。但除了美女，曹操的身边也有几个大帅哥。据《三国志》，曹操统一北方后，声威大振，各游牧民族纷纷依附。匈奴派使者送来了大批奇珍异宝，请求面见曹操。曹操对自己的长相缺乏信心，叫崔琰代替自己接见使者。接见时，崔琰端坐正中，假戏真做，接受着匈奴使者的拜贺，曹操却手握钢刀，扮作侍卫模样，挺立在坐榻旁边。之后，曹操派间谍去问匈奴使者印象如何？使者不假思索地说："魏王俊美，丰采高雅，而榻侧捉刀的那个人气度威严，非常人可及，是为真英雄也！"这也表明崔琰是个大帅哥。不想这个大帅哥，却被一直器重他的曹操给处死了。崔琰"因言获罪"，确实很冤枉，所以历代文人都想给他平反昭雪。

　　何晏，三国时期最著名的"小白脸"，他是魏武帝曹操的养子。祖父是大将军何进，父亲没啥出息，但他的母亲被曹操"看对了眼"，招为夫人。曹丕很嫉妒他"长得白"，以为他擦了粉，在他脸上抹了又抹，结果越抹越白。《三国志》说："晏性自喜，动静粉白不去手，行步顾影。"司马懿发动"高平陵之变"时，因为何晏是曹魏一党，他的妻子是金乡公主。这个金乡公主也非绝对正宗，是曹操养子秦朗的妹妹。这是三国时代的一对美人组合。

　　那个与何晏一起开创魏晋玄学的夏侯玄，也是一个"帅呆了"的大帅哥。据《三国志》载，玄姿容秀丽，风神俊朗，视其"朗朗如日月之入怀"，西晋名相裴楷称赞道："看到他就如同进入神庙，你会不由自主地尊敬他。"有一次夏侯玄正靠着柱子写字，突然雷声大作，霹雳滚滚，屁股后面那根柱子被雷劈成了两半，随从吓了一大跳，而夏侯玄居然没事儿一样，继续奋笔疾书。夏侯玄的亲戚关系很复杂，他的母亲是曹氏，当时的曹爽是他的表哥，且过从甚密。他的姐姐是司马懿长子司马师的儿媳妇，这种硬关系搁在现在不知道让多少人嫉妒，但在那时却更多的是烦恼。司马懿发动"高平陵之变"时，夏侯玄因是曹爽死党，差点儿没命。但不知道什么原因，司马懿放了他一马。司马懿死后，司马师子承父业，执掌政权，夏侯玄以为可以安心地活下去了。不料，后来中书令李丰与皇后父光禄大夫张缉密谋暗杀大将军司马师，让夏侯玄代替司马师为大将军。于是，司马师把夏侯玄逮捕入狱，他保持着镇静肃穆的形象从容就死，也让当时的人敬佩有嘉。

荀彧是曹操的首席谋士，也是曹操与汉廷的"调停人"。这个人有一个特点——爱熏香。史载，荀彧为人伟美有仪容，好熏香，久而久之，身带香气，便得了个"留香荀令"的称号。之后，"留香荀令"与"掷果潘郎"（潘安）一道成为"美男子"的代名词。

孙策、孙权兄弟二人，还有周瑜、陆逊，在东吴也是帅哥的代表。孙权，不用多言，有曹操"生子当如孙仲谋"作证。孙策呢，《三国志》说："策为人，美姿颜，好笑语；性阔达听受，善于用人，是以士民见者，莫不尽心，乐为致死。"周瑜，史书上说他美姿仪，还精音律，江东有"曲有误，周郎顾"的说法。周瑜不仅相貌出众，才能更加出众，苏轼曾在《念奴娇·赤壁怀古》里说："羽扇纶巾，谈笑间，樯橹灰飞烟灭。"孙策娶大乔、周瑜娶小乔，东吴也有了两对美人组合。那个用看低自己、抬高别人的办法打败关羽的陆逊，能力超群（打仗高手）不说，长相则更加超群，身长八尺，面如美玉。据说，因为他长得像小孩子，年纪一大把还被人称为小儿，他的后代陆机、陆云全都是仪表不凡，可见他的遗传基因好哇！

三国时代，吕布与赵云估计没有见过面，但他们在战场上英姿飒爽形象却是惊人的相似。当时有人称"人中吕布，马中赤兔"，史书上也说他器宇轩昂，威风凛凛，手执方天画戟，脚跨赤兔宝马。这个英雄形象迷倒一大片，连貂蝉也春心萌动，还死心塌地地跟着他，直到吕布被曹操砍杀。常胜将军赵云，其白马银枪的将士形象，成为中国历史小说中帅哥的标准配置。史书上说赵云身长八尺，浓眉大眼，阔面重颐，威风凛凛。结拜兄弟赵范把寡居的嫂子樊氏，也是个美女，介绍给他，可赵云却以乱伦的理由，态度坚决地否定了这桩美事。

说到三国的大帅哥，还不能不说到嵇康。《晋书》中这样描述他清新俊逸的绝世风采，"身长七尺八寸，美词气，有凤仪，而土木形骸，不自藻饰，人以为龙章凤姿，天质自然"。嵇康玉树临风，品貌非凡，更具逸群之才，是一位当之无愧、内外兼修的美男子。前文已说过，嵇康被司马氏杀死，他临阵抚琴，一曲《广陵散》成为千古绝唱。

写到这里，杨洪基老先生还正在唱着"古今多少事，都付笑谈中"。我在想，《笑谈"三国"那些事儿》，东拉西扯，已经占据了《达州晚报》二十多个版面了。这主要得益于主编郝良先生的慷慨大方，也得益于读者诸君的热情支持。安徽的《今日淮南》也跟《达州晚报》"亦步亦趋"（连续推出）。我的老婆却在指责我有完没完，说不要让喜欢你的人审美疲劳。所以，我就准备在这里收笔了。

263年的冬天，蜀汉灭亡，唱起了三国的挽歌（三国鼎立不复存在）。279年的冬天，晋朝皇帝发出号令：向前进、向前进，灭吴最要紧。280年三月，孙皓举手投降，彻底结束了分裂局面，走向天下一统的晋王朝，道出了分久必合的历史规律。不知道那时的民众是什么心态，三国归晋是不是举国同庆。我认为，没有战乱的日子，肯定是最幸福的。西晋皇帝应该下诏，大酺三日。其实在我国古代，酒是奢侈品。早先只是用于祭祀（九酿之酒），是高纯度的酒（不能饮用）。即使是达官贵人，也只能用饮用浊酒。封建王朝对酒的管控非常严，除非皇家有好事、皇帝有诏令，民间一般都不能喝酒。因此，《水浒传》里"宋江们"随意地"大口吃肉、大碗喝酒的"现象，那是严重的违禁行为。当然，古人饮酒都是"一壶浊酒喜相逢"，能够大碗喝酒，不是因为酒量很大，而是因为度数很低。

曹魏263年灭蜀汉，西晋280年灭东吴，其间有17年的时间差，灭蜀何其速，灭吴何其缓。明眼人一看，西晋采用的是先易后难的战略决策，因为那时的蜀汉已经积贫积弱了。这个战略决策，在曹魏时是相反的，当时是想先灭掉东吴，再威服蜀汉。而这个决策的改变时间，应该是在曹魏与东吴的"石亭之战"之后。灭了蜀国之后，西晋想对东吴实行招安政策，这才有了曹魏边将羊祜与东吴边将陆机的友好相处。但是，"反对派你不打，他就不倒"。所以，西晋在做了近十年的充分准备的前提下，六路大军挥师东向，对东吴传檄而定。当然，仗也是打了的，是顺着长江打的，还打得很激烈。随着孙皓举手投降，东汉末年军阀割据的动乱局面就此全面结束。三国的历史就像长江一样，隐退到历史烟云的深处去了。

第三编：附录

1. 王平及其那些三国风云

"巴有将，蜀有相"，为古巴蜀地区独具的人文特点，也是巴文化的特色和亮点，成汉王朝散骑常侍常璩《华阳国志》也用这句话作为总结。近期，为了在历史的烟云深处寻找宕渠先人王平的影子，可以算是食不甘味，夜不成寐。老婆劝慰我说，别那么辛苦了，估计王平是个小人物，又没有拜将封侯。我原谅了她对王平的无知。她出生和成长在戎州，还引导我去研究过"僰人悬棺"。渠县人都知道王平很了不起，是三国风云里"灿烂的一抹霞"，乃蜀汉的安汉侯、镇北大将军。

从历代的兵制看，先秦时期，太师或太尉是最高的军事官职。所以"师"最先不是师傅的"师"，是指军队。后来才有了太子太傅和太子少傅，"师"和"傅"才联系到一块。太傅管品德教育，少傅管经学传授。到了西汉开始设立大将军，为最高军事统帅。其次才是骠骑将军、车骑将军。到将军之末，则是裨将军，即牙门将。宕渠先人王平在蜀汉的军事阵营中，却从最低的牙门将做到了最高的大将军。

大将军却加了前缀"镇北",这是战时为了镇戍四方实行的军事体制。在蜀汉,甚至车骑将军也分左右,即左车骑将军和右车骑将军。

"左"和"右"谁大?这就很难说。在范仲淹《岳阳楼记》中,其迁客骚人的"迁客"就是贬官之人,也就是历史上说的左升右迁。或许,人们说左右总是先说"左",因此"左为大"。宋朝设左右相的时候,"左相"才是真正的"宰辅",而"右相为副"。在古代,为了称赞某人天下无双,往往用"无人出其右"。可以看出"右为大"的尊卑意识。左右的尊卑,朝代不同也会有转换,正如三十年河东三十年河西。到了现代,左右之分,成为会议和接待的潜规则,会议上"以左为尊",餐桌上"以右为大"。还好,宕渠先人王平是镇北大将军,虽有方位之别,没有左右之分,要不然,在蜀汉的国宴上真不知会让多少人抠脑壳。

王与侯是中国古代爵位名,诸王与列侯合称诸侯。秦汉使用二十等爵制,侯爵是非宗室人员可封的最高爵位。"侯"又分成两类,即列侯(彻侯)和关内侯。列侯的起封从亭侯开始,然后再升至乡侯、县侯(城侯)。列侯一般以整个封地,或封数县或数十县为食邑,而关内侯则没有明确的封地,只有朝廷指定的食邑和封户。在渠县的汉阙雕刻中,"射猴之图"反复出现,"猴"又成为"侯"的指代。射猴之图折射的是阙主封侯的理想和现实。宕渠先人王平,就一路从亭侯到乡侯到县侯,成为让世人景仰的宕渠人杰。

王平"辗转多处",刘备手下"牙门将"

王平"辗转多处",是指王平从巴蜀出走,先依鲁(张鲁)再事操(曹操);又回归巴蜀,降刘备事蜀汉再拜将封侯,成为"后汉柱石",走完了辉煌的一生。

东汉初平二年(191年),益州牧刘焉派张鲁任汉中督义司马,张鲁趁机控制汉中。随后张鲁又变身为"五斗米"教的继业天师(从张陵到张衡再到张鲁），建立了政教合一的割据政权。在历史上，以宗教名义而举行农民起义可谓多矣，张鲁还不是祖师爷。宕渠賨民本来就敬信鬼巫，这是因为巴楚世代相邻，楚巫之风终年浸润，賨民于是纷纷前往信奉张鲁。刘备本以"北伐张鲁"的理由被刘家邀请入蜀，后又受到同人尤其是诸葛亮的蛊惑，终于反客为主，或者说是鸠占鹊巢。以仁厚为本的刘备此举"仁"吗？显然是不仁不义。但是，政治家肯定不讲小人之仁或者妇人之仁。如果没有项羽在"鸿门宴"中的妇人之仁，刘邦的小命也会"就此了消"。当然，刘备也是没有办法，因为他自己没有"立锥之地"。正因为这次的"不仁之举"，得以益州为"家底"，建立起了蜀汉政权。

建安二十年（215年）九月，魏武挥鞭直指汉中。汉中是蜀汉的北部屏障。张鲁降曹，三巴太守（刘璋分巴为三）举賨民和巴夷依附曹操。张鲁都降曹了，他们不归附曹操行吗？还好，李虎（其后代李特、李雄父子于两晋之际在成都建立"成汉王朝"）被封为将军，派往雍凉氐羌地区驻守；王平名不见经传，随太守迁往洛阳。一路上，王平因勤不言苦和军容整肃，被任命为代理校尉。同年冬，发生了前文已说的"宕渠大战"，张郃带巴賨首领到宕渠"抢人"，张飞大败张郃于蒙头，太守等趁机留在巴西宕渠等地，而王平却因校尉身份留在曹操的身边。

蜀汉政权一班人深知无汉中则无蜀的道理，法正的"汉中三策"，又为刘备上了生动的一课。再加上张鲁这个家伙还说"宁为操奴不为备上宾"，意为我宁愿当曹操的仆人，也不当刘备的座上宾。这种语气，明显是鄙夷刘备的。于是，刘备生气了。建安二十二年（217年）刘备亲征汉中去抢占地盘，当然也想"出一口恶气"，收拾那个"出言不逊"的张鲁。这次的战事进行得很顺利。这下子就把曹操惹火了，建安二十三年（218年），曹操再次挥师汉中，收拾那个"大耳贼"刘备，魏蜀两国在汉中大地"生死对决"。

曹操屯兵于定军山北，命令徐晃、王平为大军开道。徐晃、王平来到汉水边，因渡河扎营而起争执。副职肯定拗不过正职，于是留王平在家"守摊子"，徐晃自带大军渡水扎营。不料蜀军来了个突然袭击，打碎了徐晃"背水一战"的美梦。徐晃大败，铩羽而归，不仅厉言责备王平，还恼羞成怒拔剑就刺，幸有众将劝住，否则王平也没命了。王平"好汉不吃眼前亏"，决定弃暗投明，开始新的人生。于是夜间火烧连营，投奔赵云。刘备亲切接见王平，并置酒高会，非常高兴。于是，任命王平为牙门将（牙门，有些像我们后来所说的军事要塞或碉堡）、授裨将军，王平也因此进入蜀汉将官的行列。其实说穿了，牙门将是王平的实际职务，裨将军是王平的将军等级。

后来，蜀魏的"巅峰对决"因曹操始终占不到便宜而退兵，给出了终极答案。其时的汉中对于曹魏，也就是一块弃之可惜但食之无味的"鸡肋"。因为前次征汉中，曹操已迁徙10万人到"魏公国"国都邺城。现在的汉中大地上，可以说是"兵比民多"。可惜的是，聪明一世的杨修也因"参透曹操心思"，在汉中走到了生命的尽头，被曹操以扰乱军心杀死，冤不？看破莫说破嘛，杨修"聪明反被聪明误"。但刘备的收获可谓登峰造极，得到了王平这个宝贝。王平不仅熟知汉中的山水地理，又有领兵之才，刘备为蜀汉江山找到了北边的"守护神"（东青龙、西白虎、南朱雀、北玄武）。他还像汉高祖一样成为汉王：东汉建安二十四年（219年）七月在沔阳自称汉中王，走出了"兴复汉室，还于旧都"最关键的一步。可以说，刘备或者诸葛亮心中希望的刘备，都既像刘邦又像刘秀，要么"兴汉"，要么"复兴汉室"。

马谡"痛失街亭"，孔明泪眼"有欣赏"

曹操这个人"挟天子以令诸侯"，确实捡了不少便宜。汉献帝还是个香饽饽，孙吴也想这样，却少了缘分。刘备想没想过，史传不载。

建安十八年（213年），曹操获封魏公，建立魏公国，定都河北邺城，而后晋爵魏王。那个忠于汉室、反对称王的谋士荀彧遭到曹操的忌恨，被曹操"赐予空饭盒"而自杀。有史家戏谑地说，或许是刘备称王气死了曹操，那个扬言只做周文王的曹操于建安二十五年（220年）病逝洛阳，篡汉成为"无言的结局"。哪知，次年（221年），魏王曹丕代汉自立，改国号为魏，宣告了东汉的灭亡。据说，汉献帝三次"禅让"，曹丕也三次辞让，这都是"虚套儿"。

同年（221年），刘备也于成都称帝，国号为汉。刘备还为献帝发丧，说曹丕杀了汉献帝，主要是为了激发蜀汉上下同仇敌忾。史料表明，曹丕死前，十分优待汉献帝，曹丕死后，汉献帝还活了多年，刘备的发丧其实也是一个历史笑话。不知汉献帝刘协作何感想，这个"刘皇叔"意欲何为？曹魏和孙吴当时都各怀鬼胎，坚持不称汉而只称蜀，史家们就无奈地称之为"蜀汉"。曹操曾感叹"生子当如孙仲谋"的孙权，确实有点儿反应慢。但是再称吴王不仅低人一等，而且也不太匹配。八年后（229年）决定称帝，魏蜀吴"三国鼎立"这时才得以名正言顺。

魏、蜀、吴三国你征我伐、你争我夺，"城头变幻大王旗"，但从史书的记载看，大都是空费力气，战绩都不显赫。可是，第二次"荆州风云"不得不说。荆州是孙权借给刘备的。但刘备拥有益州后，孙权一直想收回荆州，刘皇叔又死皮赖脸不还，曹魏也想争夺荆州作为征伐东吴的前沿阵地。

接下来，"关羽大意失荆州""关羽败走麦城""东吴杀关羽却传首洛阳""张飞为赶制战具被部属所杀""刘备大势兴兵报家仇国恨"的故事，因为《三国演义》而为大家耳熟能详。孙权在本次"荆州风云"中实现完璧归赵，而"桃园三结义"的二弟关羽和小弟张飞都被杀，刘备本人兵败如山倒，忧郁成疾而有"白帝托孤"。让诸葛亮和李严当顾命大臣，辅佐后主刘禅，支撑蜀汉的江山。

失去荆州的蜀汉江山，说是一个国，其实就只有一个州（益州）。这与诸葛孔明《隆中对》所提"跨有荆益"的政治构想相去甚远。西蜀，表明是蜀国的方位。东吴在蜀国的东边，曹魏在蜀国的北边，于是诸葛亮就只有"着手南方"，演绎了"七擒孟获"的历史佳话，道明了"攻城为下，攻心为上"的攻战要略。这个攻战要略，还是参军马谡给诸葛亮"献的良策"。所以，诸葛武侯在《出师表》前临表涕零，"受命以来，夙夜忧叹，恐托付不效，以伤先帝之明，故五月渡泸，深入不毛。今南方已定，兵甲已足，当奖率三军，北定中原，庶竭驽钝，攘除奸凶，兴复汉室，还于旧都"。这是在说"东吴没搞了""南方搞定了"，我要率军去"搞北方"了。于是诸葛亮移屯汉中，开始了北伐的征程。

　　"失街亭"这件事情几乎史不绝书。曹魏给了矢志北伐的诸葛亮当头一棒，张郃也一雪"宕渠大战"的惨败之耻。建兴六年（228年），诸葛亮部署了北伐曹魏的"街亭之战"。街亭地处险要，为蜀军前出关中的重要战略基点，一旦失去则会进退失据。诸葛亮正考虑派谁去守，自诩饱读兵书的参军马谡主动请缨。诸葛亮或许忘了刘备说"谡不堪大用"的告诫，也欣然同意，足见其对马谡的欣赏。于是，明令当道扎寨以阻曹军，又派稳重谨慎的王平为马谡的副将。马谡舍大道而上山屯守，王平连连规劝不听，叫"画了图给丞相"也不同意。结果被魏将张郃围困并断了水源，马谡惨败，士卒离散。

　　唯有王平所领的千余士兵鸣鼓自持、严阵以待，张郃怀疑王平有伏兵，不敢进攻。于是王平将各营军士收拢并率领他们平安归去。诸葛亮挥泪斩马谡，还斩杀将军张休、李盛，解除将军黄袭兵权，可说是余怒未消。事后还自贬三级。但宕渠先人王平却入了诸葛亮的法眼，被拜为参军（接替马谡之职），统领蜀汉精锐的"无当飞军"，进位讨寇将军，晋封亭侯。这是王平封侯的起点（228年），在诸葛武侯斩马谡的泪光里，展现了王平封侯拜将的人生精彩。

蜀汉"北伐中原",镇守汉中"大将军"

饶胜文在《大汉帝国在巴蜀》中说,诸葛武侯的北伐是用军事宣扬政治。其实古人也很可笑,称王称帝都要讲个"合法性"。西方存在主义哲学早就鲜明地提出"存在就是合理的"。或许因为山水阻隔,这个声音没有传到诸葛亮的耳朵里。在蜀汉的政治挽歌里,我读到了诸葛亮的政治坚定,蒋琬、费祎的前赴后继,也读到了王平及蜀汉文臣武将的卓然风采。

建兴九年(231年),诸葛亮再围祁山,挑战司马懿,这是两国军师的第一次相见。他们之间的斗智斗勇故事很多。尤其是骂阵和"亮送懿女人衣服",让人记忆深刻。还有司马懿假意上表请战,曹魏派辛毗监军,也让我看到了智慧的厚度。《三国演义》说诸葛亮在街亭唱"空城计",司马懿疑有伏兵,率军而退,史无所载。但是后世读到《三国演义》却领略了司马懿"存敌存己"的超然智慧。这时的王平驻守南围,也学诸葛亮,其实是学司马懿,跟张郃再次演绎攻守策略。王平气定神闲坚守不动,张郃找不到办法只得悻悻而去。

建兴十二年(234年),这是三国时代最特殊的年份,也是魏蜀吴三家"打架"最多的一年,对于蜀汉可以用灭顶之灾来形容。这年,屯兵五丈原的诸葛亮走完了智慧的一生。《三国演义》还编出了"死诸葛吓走活仲达"的故事。在这场战事里"王平的身影一闪而过",虽与张郃对阵,但多是且战且走,不知张郃命丧木门有没有王平的功劳。我所叹息的是,杨仪用诸葛"锦囊妙计"由马岱斩杀魏延。

诸葛亮死后,蜀汉不少人对北伐失望,尤以谯周、陈寿师徒二人为代表,谯周的《仇国论》更激烈地抨击北伐,谶言"代汉者当涂高"被他直接解释为"魏代汉",断绝了吴蜀复兴汉室的梦想。当魏国大军还在雒城的时候,谯周就一语劝降刘禅。刘禅把蜀汉的江山拱手让人,为世人所不齿。他居然成了洛阳"乐不思蜀"的安乐公,也让世人笑掉了大牙。

"西蜀衰弱",世之公认,蜀汉被迫转为守势。其实,很多人都信奉进攻是最好的防守,也就是"以攻为守"。国家渐衰,而王平的人生却"走得很顺",先是升任后典军、安汉将军、兼汉中太守,辅助车骑将军吴壹。建兴十五年(237年)晋封安汉侯,代替吴壹督率汉中。前文已说过,汉中是夹在秦岭和大巴山之间的一块小平原,是兵家必争之地。它当时处于蜀魏攻守前线,面临的是强魏与弱蜀之间的生死较量,王平身负举国安危,足见朝廷倚重。这时,蜀国东边由将军邓芝驻守永安,西边由将军马忠屯守南中,与王平共享"平安三侯"的威名。延熙元年(238年),大将军蒋琬驻沔阳,王平任前护军。延熙六年(243年),王平为前监军、镇北大将军,统领汉中。

值得一提的是,曹魏的国家战略做了调整,孙吴因"臣服"被"暂时搁置",先灭蜀再服吴成为魏国的战略决定。孙权反复不定,史家说孙权两张脸,也有史家说"孙权有大志,也有心病",既称帝又臣服。他在称帝时还有点儿不好意思,遣使蜀汉想并尊二帝。孙刘联盟的兴与衰,主动权都在孙权,所以他可以在其间"上下其手",魏来攻或者想攻魏,就联合蜀攻魏,想攻蜀或者就联合魏攻蜀,都可以"撕破脸皮"。当然我们也不能苛求古人。其实,曹魏也多次劝服蜀汉,"国家首脑"还亲自写信,但蜀汉却一意孤行自己的"正统论",总把曹魏当"曹贼",导致蜀汉成为"出头椽子先挨打"。

延熙七年(244年),魏帝命曹爽率领步骑十余万进攻汉中,前锋已至骆谷。汉中守军不满三万,于是诸将大惊。战前军事会议上,王平力排众议并提出上策。他认为,汉中去涪城有一千余里,魏军若是得了阳平关就会威胁到汉中。现在应由刘护军、杜参军据兴势,我为后拒。若是魏军分兵进攻黄金城,我自率兵前往救援,到时候涪城的救兵就刚好到来,形成合击之势。但将军们认为风险很大,唯有护军刘敏投"赞成票"。后来,果如王平所料,援军相继来到,魏军被击退。王平识见高远犹如诸葛，力保蜀汉北部疆土不失，成为蜀汉后期的"国家柱石"。

略考"生离死别"，乱世英豪"说王平"

王平，从名不到经传到扬名于世，陈寿《三国志》还专门为其列传，常璩《华阳国志》称赞他，元代大儒郝经赞其有韬略。千百年来，铺叙这位三国英雄的史家、志家都不在少数。著述颇丰，不便重复。在这里，我只想说四点。

第一，王平的出生地。陈寿《三国志》说："王平，字子均，巴西宕渠人也。"渠县地处古宕渠县的核心区，很多人都把王平作为渠县人。有学者根据"县北七里"又生拉活扯地说是渠县和乐乡，惹得一些人说"和乐离县城才七里路远吗"。其实，我多次去过和乐乡（现已改镇），从山势地名到民间传说，再考之各种版本的《渠县志》，基本可以确定王平出生于此。怎么解释"县北七里"，这里的"里"，不是指"距离"，而是类似"场镇"。"里"是春秋以来各诸侯国普遍实行的一种编户和管理制度，它的实际形态，就是一个四周用围墙环绕起来的封闭性社区，政府的政教实施、赋税收取、徭役征调，乃至刑罚奖赏，是以"里"为单位进行。每个"里"居住的户数，各国规定不一。我们说"和乐是将军故里"的"里"就是这个意思。渠县有个习惯，把渠县分为"上北路"和"下北路"。粗略估计"县北七里"可能"落了一个字"：上。

第二，王平的两个姓。我们在这里就可以说，王平出生在渠县和乐镇一个农户人家。关于王平姓何，刘渠先生《镇北大将军王平》说：幼时家贫，寄养在外祖父（何氏）那里，人称何平。将成年时回到家中，改回王姓。我关注的是"改姓的时间"问题，因为很多历史学家在"说三国"的过程中，还有把"王平"直接说成"何平"的。究竟何时改回王姓，史无所载，民无所传。

第三，王平的"十字将军"。王平出生在贫寒人家，又加上早年丧父，孤儿寡母的生活肯定"稀饭都吹不冷"，哪来余钱上学呢。据说，王平识字不超过十个，当世有"十字将军"之谓。我小时候看连环画对"王平挑灯夜读"印象深刻。作为王侯、作为战将，肯定是"没文化真可怕"。俗话说"盲人有盲人的办法"，他让人读诵历史或人物传记，然后略通大义，这才在议论时不会偏离主题。他口述表章、军政事务让人捉刀，但都能表意准确、条理清晰，在他的武将身份里添加了些许的文气。

第四，王平的安葬地。王平为将30年，戎马倥偬，写就精彩人生。史载，延熙十一年（248年），王平去世，葬于他的封地安汉县，其子王训继承其爵。王平生于何时，史无记载，享年则不详。从215年任代理校尉倒推，或应生于东汉末年。好在今南充市高坪区永安乡临江村凤凰山有王平墓，立"汉将军王平之墓"碑，还可以让后人凭吊。渠县和乐镇也正在打造"将军故里"旅游区。

2. 从"宕渠"说开去

一觉醒来，翻看朋友圈，发现刘渠先生对"石过水为宕，水所蓄为渠"的说法"不感冒"。说实话，我在修改《古賨国都·悠然渠县》专题片文本时，也想删除这句有争议的话。一看到刘渠先生的发言，引起了我讨论的兴趣，故有此议。

"石过水为宕，水所蓄为渠"。对"宕渠"，东汉许慎先生真是这么解释的吗？在《说文解字》中跟宕渠有关的是远古先民賨人，许慎的解释是"賨，南蛮赋也"。我们原先缘于识见不多，是赞同并乐于引用的。随着读书的深入，我就不想投"赞成票"了。曾经有好几个渠县本土的文化人对宕渠也做出过不同的解释，但众说纷纭，莫衷一是。

宕为山？宕为水？宕为洞穴？渠为山？渠为水？渠为板楯？如果我们从战国时代秦国文字类型为小篆来看，"宕"跟水或没关系，"宕"为洞穴而且是石头类洞穴为宜。古文形体宕，过也。一曰洞屋。从宀，砀省声。按，字从宀，洞屋当为本训。洞屋者，四围无障蔽之谓。原来，许慎先生的解释本来就是洞穴或洞屋，哪有"石过水为宕"呢？

如果从巴山渠水的语言文字习惯来看，"渠"肯定跟水有关。但从古代对河的称呼习惯来看，一般不称渠而称水。只有非自然形成由人工开凿的河流才称为"渠"，如郑国渠、灵渠，也有称沟的，如邗沟、鸿沟。渠是一个汉字，上下结构，部首为木。形声字（从水，榘省声）。本义为水停积处，也指人工开凿的水道。

或有闻，古代有把将帅称"渠帅""渠首"的称呼，"渠"或为军队或为兵器。恰好，对"渠"的解释也有兵器之说。已故的渠县文化人邓天柱先生，在他的《阆乡文存》里将这一义项延伸至了"板楯"。或有闻，賨人先民被称为"板楯蛮"，"賨人"是秦汉以后才有的族群称谓。一些巴文化学者，往往把"板楯蛮"与"廪君蛮"对举，以此证明賨人是巴人的一支。姑且不论，"板楯蛮"以"板楯"举，"廪君蛮"因"廪君"举，说明一个什么问题呢？说明賨人先民"板楯蛮"的"板楯"是一种独特而厉害的兵器。可否说宕渠是指住在山洞里的板楯蛮。山洞是居住形式，如有巢氏之命名。"宕"字小篆或更像山洞，如穴居部落。史载最早的人工建房，也是地穴式或半地穴式，"宕"指洞穴或也更正确。

古语云"国之大事，在祀与戎"。军队是国之重器。从战争形式的演变来看，春秋及以远，主要是阵战，就像"双方约起打群架"，后起的成语"冲锋陷阵"，冲锋的目的就是冲垮冲陷敌军的阵式。这种战胜形式决胜负很快，武王伐纣就在甲子日一天完成。也只有这种阵战，（賨人）助武伐纣（如果有的话，未见记载），"前歌后舞"才有可能使殷人"前徒倒戈"。前歌后舞不是冲锋，而是壮声势的，春秋及以前的战争，都是讲道义和讲士气并举，我曾经说，"春秋打仗为的是一口气，战国打仗为的是一片地"。讲士气，正有"打退不如吓退"的味道。

春秋晚期，骑战、舟战、野战才逐步出现，称"兵者，诡也"，是说这时才有"诡计"出现，也才有了"兵法"。秦灭六国，用得最多的就是"反间计"。春秋以前，打仗靠力胜。春秋以后才靠谋胜，才凸显出阴谋诡计的重要。从弓箭的发展演变看，由于铁的出现、冶铁技术的成熟，箭镞才更有杀伤力，盾牌才成为比铠甲更重要的防身武器。所以，"板楯蛮"可以因"板楯"而得族群之名，而将"渠"（板楯）放在"宕"之后，成为"宕渠"。

有些人回答"为什么叫渠县"，因为有渠江。回答"为什么叫渠江"，因为有"渠县"。这样回答，从表面上看是对的，但从逻辑上看是错的。因为"渠江"古称"潜水"。据《水经注·潜水》：潜水，在宕渠县。可以看出，渠县和渠江不可以互为解释其名之来源。由于学识浅薄，"渠江"何时由"潜水"改名而来，不得而知。经请教刘渠先生，回复是"据《重庆林业志》载，约于北宋时期始称渠江"。至于"石过水为宕、水所蓄为渠"的"宕渠"之解，可信但不可全信，正如"尽信书不如无书"。

宕渠县设置于公元前314年，也有说设置于公元前285年。这两种说法哪个更接近历史的真相呢？据我的粗浅认知，说公元前314年是我们大家都知道的。说公元前285年，是因为这一年才设"蜀郡"，就推测这一年才设"巴郡"，而宕渠县隶属于巴郡。事实上，春秋战国之际，通过战争征服了边远的少数民族地区，一般都是先设县。征服的少数民族地区多了，而且是山水相连、地域相接的，就在县以上设立郡。那时的郡县并不是后来的"郡县制"，郡或县都是纯军事重镇，只驻军不治民。当然，在更早时期，也有在县内设郡的。那个郡，只是士大夫的采邑而已。说这一大段的目的，就是想说明郡设置在县之后，不能因为"公元前285年设蜀郡"，就说宕渠县也设置在那一年。而且，无论《战国策》还是《华阳国志》和《蜀鉴》，都说公元前316年秦国遣司马错、张仪伐蜀，先灭蜀再灭巴。因此，"公元前314年设置宕渠县"当为史实。究竟先秦时设的是"宕渠道"还是"宕渠县"呢，不同的记载有不同的说法。但是，渠县历史博物馆馆长肖仁杰找到了依据，说先秦时设立的是"宕渠道"，这也符合对少数民族地区的行政建制习惯，可以认定。

公元前314年，处于战国时代的中期，还要经过近百年的时间秦才统一六国。那时或更早，估计"板楯蛮"业已号为"神兵"，所以用"渠"来指称。"宕渠"从国势日强的秦王口中呼出，肯定是因为"板楯"在他心中很有分量。或许是因为"射杀白虎"，已让板楯蛮成为秦王心中最为惧怕的族群，所以要"刻石为盟"，这也是战国时代最普遍的生存之道。强强联合，在于招呼在先，各自去"弄"弱国。强弱联合，强者想抖抖威风，威服其他弱国，威胁其他强国，而弱国也想"狗仗人势"，寻求"保护伞"。

在秦国灭巴蜀前，板楯蛮已与秦结盟，从结盟的原因看，是因为板楯蛮为秦国解除虎患。刻石的誓词有"秦犯夷，输黄龙一双；夷犯秦，输清酒一钟"，这是一个互不侵犯条约。但"黄龙一双"与"清酒一钟"并不对等，可见其有厚待或敬畏"板楯蛮"的意味。有的人在引用刻石誓词时把"清酒一钟"写成"清酒一盅"，是有失偏颇的。因为"钟"那时也是计量单位，而且是个较大的计量单位，约等于现在620斤。在远古时代，酒是个稀有品，有余粮才能酿酒，证明"板楯蛮"居住的区域农业和手工业都十分发达。

或有闻，射杀白虎是一种隐喻，这是史官所谓的春秋笔法，如"巴陵"也曾是"射杀巴蛇"而成其地成其名的。从这里我们可以看出，秦国与"板楯蛮"刻石结盟具有战略的考量，其本意"近在于巴蜀，远在于楚国"。不管对否，试言之，请方家正之。

3. 宕渠往事，从蒲氏宗祠说起

说到大宋，我就想起了两个人：一个是岳飞，一个是文天祥。下面的故事，或许你会有更多的感慨。岳飞的《满江红》就不说了，文天祥的《过零丁洋》，让我记住了"人生自古谁无死，留取丹心照汗青"。

重石山上"搞探访"：蒲氏宗祠"大放异彩"

记得 2016 年 9 月，时任广安市政协副主席贺宗飞率队来渠县考察交流"关于賨人的九个问题"，我必须"现场作答"。大意是"賨城肯定是在渠县，广安不要争"，这已为 2018 年的考古发现所证实，陈卫东先生说："宕渠瓦当"的发现，证实了"宕渠城"（賨城）的存在。不知是否满意我的答卷，但宗飞先生表现出了"文人的雅量"。因为在广安境内，确实设置过"賨城县"，说賨城在广安境内也不无道理。

2018 年某天深夜，宗飞先生又发来微信说，他手里有了一本《渠县志》说"冯绲墓在双石关"。我没有查到"双石关"的位置记载。"重庆"之名，得益于"双喜临门"。我认为"双石关"或者就是渠县的"重石子"，那里的村名叫"重石村"。于是，我带领本土文史爱好者去探访"重石子"。

我们攀上"重石子"山岩，四顾都是幽雅恬静的山野风光，几乎无险可守，看来不可能设关。站在"重石子"上面往下看，"蒲氏宗祠"（古建筑），在太阳的夕辉下分外醒目，与旁边新建的三汇镇重石村新村聚居点古今一体，交相辉映。我们就决定"一将两便"，让同行的肖仁杰馆长给我们说道说道"蒲氏宗祠"。

蒲氏宗祠"帝师堂"：全国宗祠"单独一份"

在去瞻仰"蒲氏宗祠"的路上，肖馆长就给我们来了一段科普。宗祠，是供奉祖先和祭祀的场所。上古时代，宗庙（宗祠）为天子专有，连"齐家治国平天下"的士大夫都不能建宗庙。到了宋代，理学家朱熹提倡家族祠堂，每个家族建立一个奉祀高、曾、祖、祢四世神主的宗祠，这才有了"家族宗祠"如雨后春笋的局面。

宗祠，体现宗法制社会特征，是族权与神权交织中心，宗子或叫宗正、宗直，不仅主持祖先祭祀，而且管理全族事务，在我们川东农村就叫"族长"。宗祠，往往是城乡中规模最宏伟、装饰最华丽的建筑群体，而且注入中华传统文化的精华，成为地方上的一道独特而显眼的人文景观。

我记得"中国断代史系列"（上海人民出版社）说过一些关于"宗庙祭祀"的可笑的环节：一是古代王族宗庙祭祀时，有牌位但无画像（照片），必须找一个跟祖先长得很像的人来"扮尸"。远古时期，祖先牌位，只摆到祖父（爷爷）辈。于是，所有人的"牌位"都"由其孙子所立"。二是古代的人，可以不孝顺父亲，但必须孝敬爷爷及以上的祖先。我想当今这种"隔代溺爱"，是不是远古孝顺观念的文化遗留呢？三是到了周朝尤其是秦汉以降，"父亲"才被纳入"孝敬对象"，这真有点儿不可思议。

蒲氏宗祠，清道光元年（1821年）至清咸丰元年（1851年）年间，由蒲氏族人筹资，积30年之功建成。宗祠后面有一横卧"巨龙"，名曰"重石山"，俗称"重石子"。原有四殿，正殿、帝师堂、文昌殿、鼓乐楼，四坝，内坝三个、外坝一个通称"桅子坝"。坝内立有直刺蓝天的石桅杆两根。传说，立桅杆时，电闪雷鸣、风雨大作，平地起水三尺，旋即雨止云开、太阳出来、上空还有彩虹，就跟"宕渠出现九蕊禾"一样，被称为"祥瑞"而记录在案。

宗祠，记录着家族传统与曾经的辉煌。"重石子"山下的"蒲氏宗祠"就把蒲姓的"得姓始祖"找到了"虞舜"。《万姓统谱》记载，舜曾建都蒲坂，他的子孙后来又被封在这里，后代就以受封地名为姓而称蒲氏，故蒲氏后人奉虞舜为蒲姓的始祖。是否其真？不敢确定。

更有甚者，蒲氏还找到了"始祖舜帝"，还说远祖"蒲依之"是舜帝的老师，因此宗祠内有"帝师堂"。"帝师堂"正殿中悬挂着木匾，匾中用金粉书写"帝师堂"三个大字，殿前一联曰："作帝之师，我祖虞廷作典范；为王之佐，吾家宋代著奇勋。"正是因为这副对联，催生了我的历史随笔《宕渠往事，从蒲氏宗祠说起》。在全国姓氏宗祠中，唯渠县三汇的蒲氏宗祠有帝师堂。但我总是有点儿不相信，他们有书为证，北宋司马光《资治通鉴》载：蒲依之乃舜时贤人，十八岁为虞舜之师，舜以天下让，不受而去，不知所终。

其实，"师"最早多指"国都和军队"，"太师"是最高军事指挥官，"京师"就是首都。从"中国断代史系列"可以看出，远古乃至夏商周，"师"都没有"老师"的义项。当然，"蒲依之"和"舜帝"所处的时代也被史家命名为"传说期"，"帝师之说"是不是真的，无法去考证了，那就宁可信其有，满足满足蒲氏族人的"虚荣心"吧。

风流倜傥"蒲总督"：举起抗元斗争"最后战旗"

从供立的祖宗牌位上看出，蒲氏先祖蒲择之系南宋绍定五年（1232年）进士，历官礼部尚书，南宋宝祐五年（1257年）任四川制置使兼知重庆府。蒙古兵南下攻蜀，蒲择之与团练史胡载荣移渠州城礼义山（现三教寺），抗击蒙古军守土护民，颇有影响，载于史册。

先来说一段传说，这个传说，就是说的"蒲择之大人"。上节我们说的"重石子"，据说又叫"望夫石"。远远看去，像一个妇女背着小孩正在眺望着远方。这个女人，就是蒲择之第二个老婆（当地大地主的女儿李氏）。这个小孩就是蒲择之的儿子蒲礼。每年春节、清明、端午，蒲氏后人都络绎不绝到石山下祭奠先祖。

翻看大宋的历史，它并不是我们想象的那么"安逸"。一会儿有"靖康耻"，一会儿要"抗金"，一会儿在"抗元"（抗蒙古），最后江山都被蒙古人的铁蹄踩在脚下。说到南宋的抗元史，不得不说到

"四川制置使"这个官名,尤其是这个官名基本还有个"后缀"——兼知重庆府。因为当时的四川被蒙古军队弄得残破不堪,蒙古军队在成都几进几出,多次血洗。实际上,重庆成了四川的抗蒙古指挥中心。

南宋理宗年间,南宋王朝的日子不好过。宋蒙战场主要分为荆襄、两淮、四川三个战区。宋蒙四川战火始于宋理宗宝庆三年(1227年)的"丁亥之变"。蒙古军队左右开弓,在攻打西夏的同时派兵攻入四川。到南宋端平三年(1236年),全面突破了蜀口防线,所谓的"四川"几乎"丢了三川",只有川东川南等长江、嘉陵江、渠江等沿线还在南宋的手里颤抖着,理宗也无法可想,只好在第二年改为嘉熙元年(1237年)。孟珙,南宋优秀军事家,首先确定了重庆的边防地位,提出了兴建山城、屯兵屯田的战略思路。

宋理宗淳祐二年(1242年),两淮抗蒙战争中战绩颇著的余玠带着满腔热情意气风发地来四川"履新"。他向宋理宗"吼了大话":愿假我十年,手擎四蜀之地,还之朝廷。他说了大话,也放了大招,采纳播州冉氏兄弟的建议,制定了"守点不守线、联点而成线"的战略方针,在长江、嘉陵江、涪江、渠江、沱江及岷江沿岸一山筑城据险防守(冷兵器时代才有险可守),构建起了一套让蒙古人谈虎色变的"山城防御体系"。胡昭曦先生考证结论:南宋抗蒙古时期所筑的山寨约有九十处(无确数)。但是,史学家说,余玠是一位"比岳飞、比窦娥还冤枉"的抗蒙古英雄,因为不仅要流血,而且要流泪。皇帝听信谗言,竟然在战火紧急时"召他回京",他忧愤难已,突然病死。

钓鱼城即山城防御体系的核心,"奇绝英雄"张珏,南宋末抗蒙古名将,与钓鱼城有不解之缘。他年少时在钓鱼城从军,一直在钓鱼城抗蒙古,人称"四川虓将"。特别是开庆元年(1259年),蒙哥汗率军围攻钓鱼城,蒙哥被击伤致死,蒙古铁骑返回争夺汗位。德祐元年(1275年),张珏任四川制置副使兼知重庆府,景炎元年(1276年)升官任四川制置使。祥兴元年(1278年),在钓鱼城部将赵安开城投降。张珏想饮鸩自杀未果，遂乘小舟东下，又想学屈原沉江被阻，至涪州被俘。至元十七年（1280年），张珏自刎于安西，像不像"至死不屈的文天祥"？说到这里，我都觉得隐隐心痛。

蒲择之，一个投笔从戎的文人。绍定五年（1232年），他中了进士，历官礼部尚书。宝祐三年（1255），宋理宗深感余玠去职后的继任者是"常败将军"，尤其是余晦真是"满身晦气"。想起了文臣蒲择之，叫他当四川制置使兼知重庆府。这可以说是南宋渠州乡人官当得最大的了，比北宋渠州的黎錞黎状元（经学领袖、曾知眉州，三苏故里）还要"大一蔑块儿"。文臣镇蜀，也很有一番作为，深远的韬略、英勇的进攻、辉煌的战果，都足以称世。景定二年（1261年），蒲择之坐密通蜡书罗显（私通蒙古）被贬官黯然去职。也有史家说，同期大良城（广安）守将蒲元圭投降蒙古军，也可能成为"蒲择之被贬官"的重要原因。可笑的是，一直坚持抗击蒙古的英豪，却落得个私通蒙古的罪名，其冤也令人扼腕叹息。

朝廷抛弃了蒲择之，但渠州的礼义城让矢志抗蒙古的他有了用武之地。蒲择之与团练使胡载荣坚持抗元，守土保民。礼义山上刊立《练使胡将军碑》，铭文：知郡都统练使将军胡公全城却敌之记。至元十二年（1275年），元军大举进攻，礼义城宋军因弹尽粮绝，又加之采取"征抚并举"的两面手法，元东川副都元帅张德润拔下礼义城，杀渠州知州张资（有史料记为张需），收降军民1500多人，南宋最后一个"最坚强的"抗蒙古堡垒陷落（有说比钓鱼城还晚两年）。昨晚看资料，抄了两句：蒲择之被史学家称为"南宋抗蒙的绝响"，被文学家称为"南宋最后的骨气"。诚如斯言。

4. 说说"成汉王朝"那些事

常璩《华阳国志》对李特、李雄家族建立的成汉王朝有专章记述，何介福的《巴蜀史》记述则更像"编年体",本土文史学家唐敦教著有章回小说《赟汉王朝》。关于成汉王朝,《益州记》《蜀鉴》里,都有零星记载。

作为渠县的一名文史工作者,对"成汉王朝"这个由宕渠人创建的割据政权,我也就分外关注。据方诗铭的《中国历史纪年表》,306年,李雄称帝,改元晏平,国号"大成";338年,李寿废李期为邛都县公,即皇帝位,改国号为"汉",后世合称为"成汉"。灭亡于347年。但是,如果从李雄称王303年算起,这个政权存续了44年。结合相关史籍,我想说一说成汉王朝那些事。

略说背景

东汉末年,黄巾起义,军阀割据,最著名的历史大剧是"三国鼎立"。最后的结局是"司马氏篡魏",一些史籍上说的是"三国归晋"。

未料想,司马家族西晋的第二位皇帝,晋惠帝司马衷竟是一个"白痴",由杨太后选定的贾后不仅诛杀了杨太后之父,并灭其族,还将杨太后废为庶人,并迫害致死。一个错误的决定,导致了杨家灭族的惨剧,更为惨烈的是导致了"八王之乱"。短暂的统一后发生了"八王之乱",又一次全国动荡。这是成汉政权建立的历史背景。

297年,雍秦大旱,米价飞涨,民不聊生,汉、氐各族人民流入关中,而关中也是连年饥荒。298年,巴氐首领李特率流民入蜀就食,便揭开了"成汉帝国"序幕。这是成汉政权建立的直接诱因。

"八王之乱"后,群雄逐鹿,天下大乱。这是一个需要英雄且产出英雄的时代,也是一个狼性十足、血腥满天的时代。被誉为封建正统的晋朝被迫"南渡",其实是南逃,避"胡"人锋锐。虽有"北归"的壮志,却无恢复中原的实力,历史上表述为"西晋灭亡,东晋建立",历史进入混乱时代。

北边的战火、旗帜的变换、王朝的更替,暂且不去管它。在东晋王朝的"身边"，宕渠賨人后裔李特、李雄家族在益州称王称帝，于303年建立了"成汉政权"。

明证身份

李特，字玄休，巴西宕渠人。这是没有任何异议的。但有人却认为李特为"巴氐首领"，否认他的"賨人身份"。

蒙文通《汉末至南北朝南方蛮夷的迁徙》云，在"五胡"争夺中原、人民南迁的大潮流中，南方的蛮夷却成为英勇的逆行者，北上逐鹿中原。巴氐北迁有三条线路，其中一支就是由巴西宕渠经汉中西入略阳。

《晋书》又载，张鲁居汉中，以鬼道教百姓，賨人敬信巫觋，多往奉之。自巴西宕渠迁于汉中杨车坂，抄掠行旅，百姓患之，号为杨车巴。魏武帝克汉中，李虎将五百余家归之，魏武帝拜为将军，迁于略阳，北土复号之为巴氐。特父慕，为东羌猎将。

常璩的《华阳国志》也引《晋书》说，特少仕州郡，见异当时，身长八尺，雄武善骑射，沉毅有大度。元康中，氐齐万年反，关西扰乱，频岁大饥，百姓乃流移就谷，相与入汉川者数万家。特随流人将入于蜀，至剑阁，箕踞太息，顾眄险阻曰："刘禅有如此之地而面缚于人，岂非庸才邪！"

这些史籍说明了李特、李雄家族的来龙去脉，李特祖父从宕渠先迁入汉中，再迁入略阳，先有"杨车巴"之称，再有"巴氐"之号，又因饥荒成为流民，先入汉中，再入四川（时称益州）。同时，李特、李雄家族的"賨人身份"有了历史的证明。其崇文尚武的民族特征和"敬信道教"的宗教信仰也表现出来了。

成汉政权跟道教很有联系，先是张鲁居汉中，以鬼道教百姓，賨人敬信巫觋，多往奉之。及至李雄占据成都，又想迎范贤（长生）为君，而范贤为相。这个范长生，也就是青城山道教首领。所以后来说"拜水都江堰，问道青城山"，指的是青城山是道教圣地。后来，范长生归天，李雄又以其子范贲为相。可以推测，李雄应把道教作为国教，其治政特点，虽然也儒道夹杂，但仍以道教为主，其官场无序也说明了这一点。

兴亡有因

李雄，字仲俊，略阳人，祖籍巴西宕渠，李特第三子，母罗氏，成汉开国皇帝，304年至334年在位。

又说，李特在益州率流民起义，东晋历史上的"流民军"，以勇烈有谋的李雄为前将军。303年，李特被益州刺史罗尚击杀。继任者李流旋亦病故，雄以大都督名义继续领导流民作战，驱逐罗尚，攻占成都，304年称成都王，建元建兴，306年即皇帝位，国号大成。

据史载，"雄为国无威仪，官无禄秩，班序不别，君子小人服章不殊"。但李雄虚己爱人，授用皆得其才，并兴文教，立学官，简行约法，政治较为清明。注意发展生产，赋役较轻，男丁1岁谷3斛，女丁1斛5斗，疾者减半；户调绢不过数丈，棉不过数两。这说明，这个流民军建立的政权，因为崇尚道教，也借鉴了"黄老政治"的经验，政府亲民，政策惠民，开创"国泰民安"的盛世景象。

成汉政权由盛而衰的转折点在咸和八年（333年），李雄征战多年，伤痕累累，后因头部溃疡而死。父死子继是一般规律，然而因李雄正妻任氏无子，虽有庶子十余人，而李雄偏立其兄的儿子李班为太子，埋下了祸根。早在324年，李雄就不顾后宫与廷臣的反对，执意立李班为太子。李雄的理由是"我兄李荡，是先帝的嫡统，可惜早逝，况李班仁孝好学，必能承担先帝基业"。他的想法也有道理，古时也有先例，就是"归还正统"。但是，成汉王朝的官员们却不这么认为，司徒王达就说："先王立嗣必立亲子者，是明身份而防篡夺。"于是，太傅李骧哭着说："祸乱从这里开始了。"

据传，李雄头部伤口化脓，奇臭无比，后妃掩鼻走，亲子无孝意。

或许儿子们因继位无望不但没有孝意，而且还很仇视，理所当然地不再关心李雄的死活，只有其兄之子李班（已早为太子）昼夜侍奉，不脱衣冠，还亲口吸脓，被戏称为"成汉王莽"，给李班继位找到了一个充足的理由。

李班继位，开启了权力争夺、内部残杀的序幕。李班还在李雄灵前哭孝，却被李雄的儿子李越刺杀，后推"多才多艺、贤而有能"的李期为帝。再后李期又被李寿废为邛都县公，囚禁别宫，自缢身亡。李寿即位，改了年号，还改了国号，称"汉"，与李雄的"大成"一起被后人合称"成汉"。咸康八年（342年），李寿卒，太子李势立，成为末代皇帝，在位仅几年，其国被东晋桓温所灭。

据当时坊间传闻，桓温不仅俘获了成汉皇帝李势，完成了东晋南方统一的使命，还俘获了绝代美人——李势的妹妹，为了避人耳目，在其书房来了个"金屋藏娇"。不想，还是被桓温的夫人发现了蛛丝马迹。桓夫人率领"女子军"，杀气腾腾奔向书房。此时，李势妹妹正晨起梳妆，桓夫人手中的刀不自然地掉到了地上，说：我见犹怜，况老色鬼乎？这是一个女人见了也觉得可爱的女子，你说宕渠妹子乖不乖呢？在成汉灭国的悲凉气氛里，也成就了桓温夫人与李势妹妹的姐妹情。

疑赞共存

史书多载"李寿引僚入蜀"，而不详其因，何介福《巴蜀史》载，永和二年，汉太保李奕在晋寿举兵反，蜀人多从之，众至数万。后李奕战死，余众溃散。《蜀鉴》也说"成汉民众十余万，奔入荆州，导致成汉帝国地广人稀"。从"淫雨百日，饥疫流行"来分析，成汉民众奔赴荆州，跟李特率众入蜀就食如出一辙。或许成汉人口空虚，才导致李寿"引僚入蜀"。这个举措，既有"徙民实蜀"的正面意义，也有引狼入室的重大忧患，我们的宕渠城就毁于僚，而且导致賨人的逃亡或族种的灭绝。作为賨人的李寿，万万没有想到，他亲手引入的僚人，会快速毁了賨人的都城，几乎灭绝了賨人这个族群。

成汉青衣之士龚壮，在史籍上多次出现，其言论也多有记载，尤其《巴蜀史》记载更详，其劝帝王归附晋朝，有一定的积极意义。但史家多说"龚壮的父兄皆被李特杀害"，而龚壮除了拒不出仕外，又多次上书，不知他意欲何为。史书载"龚壮报了仇"，又不详其事，难道李雄不立儿子立侄子，导致李氏内部互相残杀，是龚壮的主意吗？

成汉灭亡于永和三年，记住这个年号，不是因为当时的皇帝，而是因为书法家王羲之《兰亭集序》，开篇即为永和九年。这是东晋王谢两大家族南迁后的一次文士雅集。这说明，文化的力量不可低估，文化才能传之久远。记得刘禹锡曾有《乌衣巷》：朱雀桥边野草花，乌衣巷口夕阳斜。旧时王谢堂前燕，飞入寻常百姓家。这首诗怀古之余，也反衬了当时王谢两家的鼎盛。的确，王谢两大士大夫家族，是东晋的柱石，文武兼备，王羲之本身就是将军，所以称"王右军"。

5. 再读《华阳国志·巴志》散记

为了弄清"白虎复夷"的"夷"究竟是指"巴人"，还是"賨人"，周末我重读了《华阳国志·巴志》。虽然有些思想仍处于混沌状态，但也还是得到了一些新知。现散记如下：

《二十八星宿图》载明了四个方位神：东苍龙（青龙）、西白虎、南朱雀、北玄武（龟蛇同体）。或许是因为巴賨文化与巫载文化息息相关，在渠县的六处七尊汉阙上，都镌刻了这些方位神。甚至于，在渠城东城新滨江路的賨人广场中，也有这四个方位神的雕塑。但由于没有带指南针，无法知道这四个方位神站位是否准确。

巴地这个地方，大禹治水划分天下为九州，初属梁州。武王推翻了商朝的统治，将徐州并入了青州，撤掉了梁州，将其合入了雍州。汉高祖改雍州为凉州，撤梁州而并入益州。所以，巴、汉、庸、蜀都属于益州。曹魏灭掉蜀国，又从益州分出巴、汉等七郡组成梁州，州府治汉中。元康六年（296年），分广汉郡归益州管辖，然后割雍州的武都、阴平和荆州的新城、商庸、魏兴归梁州。古宕渠县就处于巴地。因此，张世东先生的《渠县赋》云，"自古雍梁地，从来锦绣乡"，确实深得历史的渊薮。

据史料记载，周武王伐纣，得到了巴蜀之师的帮助。这在《尚书》中都有记载。巴国的军队很勇猛，殷商人被巴蜀歌舞所表现出来的英勇气概所折服，阵前倒戈，所以后世称之为"武王伐纣，前歌后舞"。

《华阳国志·巴志》对常璩"白虎复夷"的记述有这样一段。当时，朐忍（今重庆云阳一带）的夷人廖仲、药何邀请阆中夷人秦精，在白虎必经之路的高楼上设置了白竹弩，用来射杀白虎。随之是"虎患消除，刻石为盟"。从这段记述我们可以初步看出，参与射杀白虎的人，好像都是巴人。但是，作者说，他们世称"白虎复夷"，他们的另一个名字叫"板楯蛮"，也就是今天的"弜头虎子"。因此，"白虎复夷"的"夷"或许是指"板楯蛮"，也就是賨人。从后来賨人帮助刘邦定"三秦"的记述，我们更加明确地知道了，"白虎复夷"的"夷"指的是賨人。

《华阳国志·巴志》载：阆中有一条河叫渝水（嘉陵江），賨人大都居住在渝水流域。賨人天性劲勇，喜欢跳舞，高祖看了很高兴。说道："这是武王伐纣的歌舞啊。"于是，命令宫中的乐人跟賨人学习歌舞，这就是今天说的巴渝舞。巴渝舞在汉朝时就进入了宫廷，还是很了不起的。范目招募賨人帮助刘邦平定三秦后，范目因为賨人思乡心切，三次拒绝刘邦的封赏，汉高祖想起项羽说的那句千古名言："富贵不归故乡，如衣绣夜行"。难怪称霸后的刘邦，要在故乡大宴他的父老乡亲呢，也主要是不想"衣绣夜行"吧。

常璩的"白虎复夷"的记述还有一处。在"朐忍县"一节,说"巴东的豪族大姓有扶氏、先氏、徐氏。汉代有名人叫扶徐,闻名荆州,事载《楚记》。楚的地方志称三姓为"弜头白虎复夷"。这让人就有点儿费解了。常璩关于"弓弩手"的记述集中在"涪陵郡"一节。第一,蜀汉丞相诸葛亮也曾征发三千做连弩士,把他们迁到汉中。第二,刘后主延熙十三年(250年),涪陵豪姓大族造反,车骑将军邓芝将参与反叛的豪族徐、蔺、谢、范五千余家迁徙到蜀地,做射猎官(弓弩部队的别称)。第三,晋初,从这里征发了许多弓弩手迁移到冯翊驻防。

对于"板楯蛮"的记述,常璩用了大量的篇幅,主要表现的是賨人的神兵气质。对于人才特点,常璩概括的是"巴有将、蜀有相"。在"江州县"一节记载,在县衙的旁边有一眼泉,名叫清水穴,泉水甚清无杂质。巴人用此处泉水制作妇女敷面的脂粉,细腻、色泽鲜亮、气味芬芳,充作进京的贡品。因为此水专供制作脂粉而用,所以又名粉水,人们称其为堕林粉。

近期,达州在着力打造"荔枝古道",这是有历史渊源的。常璩的《华阳国志》也有记述,江州(今重庆市)有荔枝园。"长安回望绣成堆,山顶千门次第开。一骑红尘妃子笑,无人知是荔枝来。"这是杜牧的诗句。这个杜牧,生活在唐朝,诗歌写得很好。当然,这里的妃子初指的是杨贵妃,后来是泛指了,用快骑的方式传送新鲜荔枝进京,让妃子们享用,因而形成了荔枝古道。达州是江州(重庆)到长安(西安)的必经之路,当然可以打造"荔枝古道"。现在荔枝古道的打造不在于阐释皇权的无限,而在于挖掘古道两边的文化内涵,用贵妃这个载体宣扬古道上辉煌灿烂的民族民间文化。

《华阳国志》载,武王平定了殷,把同姓兄弟分封到了巴地,等级为子爵。并附带说明,在古代,僻远之地的国家就算大国,分封君主的爵位也不会高过"子"。所以,人们也称巴国为"巴子国"。

巴国有多大呢？《华阳国志》云，巴国地界东到鱼复，西至僰道，北接汉中，南及黔、涪。这个国家的地盘也不小了哦。其实，也有另说巴子国的"子"并不是爵位，而是武王既克殷，以其宗姬（封）于巴。这个"宗"的意思是"同宗"，而"子"说的是辈分（子字辈）。

《华阳国志》载，巴国的属民有濮、賨、苴、共、奴、獽、夷蜑等少数民族。这个记载肯定了賨人是巴国的属民。但在《华阳国志·巴志》中，巴人的先祖是廪君，初居于武落钟离山，有巴、樊、晖、相、郑五姓。务相被尊为廪君后，便率领五姓沿夷水向东发展，到盐阳，征服了盐阳女部落，后又向川东扩展，控制了这一地区，发展为一个廪君时代的巴氏族。传说廪君死后魂魄化为白虎，后代奉祀，故巴人崇拜白虎，以白虎为图腾。这一段叙述，说明"白虎复夷"的夷不是巴氏族人。但随后又说，1987年，在普光罗家坝出土的战国青铜剑上的虎头纹，便是巴族在宣汉生活的确证。对于这一说法，我不敢认同。其一，青铜剑上的虎头纹，这青铜剑难道不可以是"白虎复夷"的賨人所使用的战剑吗？现在达州巴人文化广场"虎钮"雕塑，其文物还是在渠县出土的呢？这不能说是确证。而且，罗姓为賨人七姓中的最大姓。从所设置的宕渠县看，宣汉也在宕渠县的辖区内。賨人先居住在嘉陵江流域和渠江流域，后因巴人的迁徙和侵略，賨人辖区失去嘉陵江流域被限制在渠江流域。而达州、巴中全境都属于渠江流域，宣汉应该是賨人聚居的地方，而非巴氏族人的聚居地，因为巴氏族是从湖北钟离山迁移来的，不属于古代的土著居民。因此，春秋战国时，宣汉或许是巴氏族人和賨人及其他少数民族杂居的地方。其二，民间祭祀有两种：一是崇拜型的，一是害怕型的。巴氏族铸造的战剑可能有虎头纹，那是因为"白虎是其图腾"。賨人铸造的战剑也可能有虎头纹，因为賨人害怕"白虎为患"，何况还因射杀白虎而取得了国家级的荣誉，取得了国家级的优待政策呢。

在《华阳国志》中，作者说从那以后，廪君的种族便繁衍起来。

秦统一天下后，就把此地定为黔中郡。对这个地方征税很少，每年贡钱只有四十万。巴人把赋税称为赉，于是后来便把巴人称为赉人了。一下子，我们争来争去的东西也没有多大的现实意义了，原来"巴人就是赉人，赉人就是巴人"。从巴郡的治地来看，它是江州，在今天的重庆市。重庆没有直辖前"巴蜀大地"就指代"四川"，重庆直辖后，这种指代的说法消失了。但巴蜀一家亲是有历史渊源的，因为在古代，同属于益州。尤其是重庆直辖后，四川不提巴蜀文化，达州打造巴人文化，优势不具备，前景不光明。不过，回过头来，打造我们独特的赉人文化，因为巴人就是赉人，赉人就是巴人，哪个文化更能炒热，哪个文化更能打响，我们就打造哪个，这样更有利于发展好文化旅游产业。当然，这种说法带有功利性，也是没有办法的选择。因为自然风光到处都有，不具备比较优势，而赉人文化则是我们达州的唯一，中国乃至世界都是独一无二的。要记住，文化是旅游的灵魂。

董启祥先生认为，武落就是巫落，就是巫的部落。由此可知，廪君源出巫诞（载）部族的一支。故任乃强先生认为"先有巫载文化，后才有巴文化和楚文化"。巴族承巫载文化而兴，其时间晚于巫载文化约一千年，比蜀文化的开展可早几百年。难怪蜀郡江源的常璩，在《华阳国志》中要把《巴志》放在第一，也是按照历史的脉象和文化的脉象来的，其看中这里是皇帝李势家乡，这或许也是一定的影响因素。

在我的印象中，尤其是重庆直辖前，我们常常听到的是"巴蜀一家亲"。历史的记载却不是这样。《华阳国志·巴志》载，巴、蜀两国世代战争，为世仇。周慎王时，蜀王派兵攻打苴侯，苴侯投奔巴国，巴国向秦国求救。秦惠文王派张仪领兵救苴侯与巴国，史称"司马错论伐蜀"，灭掉蜀国。张仪贪图巴国的富有，趁势灭了巴国，将巴王俘虏到了秦国，并在巴蜀故地设置了巴郡、蜀郡和黔中郡。张仪新筑江州城，然后司马错自巴郡的涪水出发攻取了楚国的商於之地，设置了黔中郡。这段史实说明，春秋战国时代，是一个没有朋友的时代，只有永恒的利益，没有永恒的朋友。巴蜀两国世仇，这是巴蜀灭亡的原因。如果共御外敌，它还可能生存下去。秦国攻蜀救巴而灭掉巴国，原因很明确，"张仪贪巴之富"。其实，巴即使很贫穷，秦国也要把它灭掉。灭掉巴国和蜀国，是秦国统一天下的长远的国家利益。还有黔中郡也是司马错攻取楚国的商於之地建立的，也体现了弱肉强食的丛林法则。

在我的印象中，我们都喜欢自己的家乡地大物博、人口众多。就像我在读各种不同版本的《渠县志》时候，看到渠县的辖区由5万平方千米而2万平方千米而1万平方千米而3000平方千米，最后只有当前的2018平方千米，总觉得有些遗憾。可是在《华阳国志·巴志》中，却记载了以巴郡的文学掾赵芬（宕渠人）为首的士子或乡贤因嫌郡地太广、官民生活困苦，多次"集访"要求分郡的史实。汉献帝时，征东中郎将安汉人赵韪建议益州牧刘璋，把巴郡一分为二，想把自己的家乡继续保留在巴郡的范围内。刘璋不仅没有同意，还借机裁抑赵韪，将巴郡一分为三，即巴郡、永宁郡、固陵郡。后来蹇胤找刘璋说情，为自己的家乡争取巴郡的名称。刘璋于是改永宁郡为巴郡，固陵郡为巴东郡，垫江以上为巴西郡，这就是所谓的"三巴"，我们后来所说的"三巴大地"就是这么来的。这些行政区划的调整，是跟人情关系紧密相联的。

在《华阳国志·巴志》"巴西郡"一节，常璩说整个三巴之地就数那里的人英伟神俊、风流倜傥。居然把王平、句扶、冯绲等卓逸不群、名扬天下的武将都列入了巴西郡，大概是要说明"巴有将、蜀有相"的历史概括吧。又说晋时，谯周与陈寿的文采和史识可与司马迁、班固媲美。据查，谯周，字允南，巴西西充人。三国时期蜀汉学者、官员，著名的儒学大师和史学家，史学名著《三国志》的作者陈寿即出自他的门下。蜀汉灭亡后降晋，在晋官至散骑常侍。谯周被称为"蜀中孔子"。陈寿，字承祚，巴西安汉人，西晋史学家。陈寿少时勤学，后来担任蜀汉的观阁令史，因不愿曲附权宦黄皓，所以屡遭谴黜。陈寿四十八岁，开始撰写《三国志》。这两个史学家都是南充人，都是了不起的史学家。尤其是谯周，跟常璩一样是散骑常侍，还被称为"蜀中孔子"，确实非同寻常。但我读过陈寿的《三国志》，那就是个"合成品"，无法与《史记》和《汉书》比肩的。这也是可以原谅的，谁都会认为自己家乡的才子"不可一世"。我们乡土作家贺享雍，被称为"当代的赵树理"，我们为之而欣然自豪。我只是一小小刀笔吏，朋友介绍我的时候，也经常使用"渠县第一才子""川东第一才子"的称号，这些称号让我胆战心惊、面红颈赤。然而，他们却说得如此自然，真是"夸奖人不要钱"。

我很乐意读"宕渠郡"一节，可是常璩的叙述显得有些简略。其中，记述了宕渠郡的设置沿革，为蜀汉延熙年间设立，建郡九年后撤。永兴元年（304年），成汉时李雄（宕渠人，成汉皇帝）重新设立宕渠郡，并用一句话点出了宕渠这个地方是古賨国，长老言，宕渠盖为故賨国，今有賨城、卢城。这一句并不是确切记载的话，却成为很多賨人文化研究学者相继引用的"书证"。賨城遗址尚在，就是我们所说的"城坝遗址"。"卢城"不知何处。但我从"賨人七姓"不同的记载来看："罗"的位置有时记着"卢"，"庹"的位置有时记着"度"。如果让我猜想，我认为这个"卢城"可能就是"罗城"，或许卢城的遗址就是宣汉的"罗家坝"遗址吧。后来的阅读，让我自我否定。史书记载，"卢国"因战争迁移，国人大都定居在宕渠县。这个"卢城"肯定存在，只是还没有发现而已。常璩还记述了一个谶纬故事。秦始皇在位时，有一个身高二十五丈的人现身宕渠。胡毋敬说：这里五百年后一定有不平凡的人出生，成为一方诸侯。等李雄称王，此人的曾祖又是宕渠出生的，有人就说是应验了胡毋敬的预言。这种现象在史书中常见。

常璩又说，东汉以来，这里的士人贤良、女子贞烈。杰出人物有车骑将军冯绲、大司农玄贺、大鸿胪庞雄、桂阳太守李温，他们都建功立业，为国家做出贡献。这只是说了一部分，不齐不全。我读过的《渠县志》，对他们都或多或少有些记载，对冯绲的记载及其父亲冯焕的记载要稍微多一些。冯绲，字鸿卿，又作皇卿。巴郡宕渠人。东汉时期名将，历事顺、冲、质、桓四朝。冯绲早年因帮助父亲冯焕洗清罪名而闻名，延光初年担任郎，后在郡里历任诸曹史等职。又担任广汉属国都尉、御史中丞，与滕抚共同击破扬州盗贼。迁任陇西太守，因病离职。后任辽东太守，招纳鲜卑。又拜为京兆尹，转任司隶校尉，迁廷尉、太常。延熹五年（162年）拜车骑将军，南讨叛贼。攻破武陵蛮夷，纳降十余万人，平定荆州，后免。不久拜将作大匠，转任河南尹。复任廷尉，为宦官所诬，再次遭罢免。后复任屯骑校尉，又拜廷尉，最终逊位。永康元年（167年）去世，谥桓侯。

在"宕渠县"一节，常璩只说是郡治所在。盛产野蜂蜜，也就是传说中的仙人山图所采的那种东西。不知道仙人山图采的是哪些东西，但确认"野蜂蜜"是宕渠特产了。

在结束《华阳国志·巴志》的时候，作者来了一段评说，类似于"太史公曰"，言"巴国，远世则黄、炎之支封；在周则宗姬之戚亲，故于《春秋》班侔秦、楚，示甸卫也。若蔓子之忠烈，范目之果毅；风淳俗厚，世挺名将；斯乃江、汉之含灵，山岳之精爽乎！观其俗，足以知其敦壹矣。昔沙麓崩，卜偃言：'其后当有圣女兴。'元城郭公谓王翁孺属当其时。故有政君。李雄，宕渠之厮伍、略阳之黔首耳，起自流隶，获君士民；其长人之魄，良有以也"。

6. 读史志札记

缘于分管政协文史工作，读史览志成为我工作和生活的一个重要组成部分。阅读多有杂感，现辑录2017年部分有关賨人方面的阅读札记。

阆中有賨人吗？

孙机先生《从历史中醒来：孙机谈中国古文物》中的《阆中之巴》一文说，巴国最早见载于《左传·桓公九年》的"巴子国"，当时位于鄂西。战国时，为楚所迫，向四川转移。其治所初设在川东沿长江一带，后迁至嘉陵江上的阆中。巴子时虽都江州（今巴县），或治垫江（今合川），或治平都（今丰都），后治阆中。阆中应是战国中后期巴人主要的根据地。阆中的巴人又被称为板楯蛮。

今年春，与友人游阆中。遇一本土文人兜售其小说，攀谈中问其"阆中有賨人吗"？他说"阆中曾为巴国国都，跟賨人没有关系"。我又问"史籍载，阆中有渝水，賨人常居左右，这该怎么解释"？他也语塞了，只一再强调是"阆中只有巴人。"

读了一些史籍资料或历史随笔，賨人跟巴人关系有点儿扯不伸抖（理不清）。武王伐纣"实得巴蜀之师"，没说賨人。秦昭襄王时，因射杀白虎有功，而与秦国刻石为盟。"秦犯夷，输黄龙一双。夷犯秦，输清酒一钟"。这个"夷"指谁？巴人文化学者说指巴，賨人文化学者说指賨。帮助汉高祖平定三秦，召募者是阆中人范目，召募的夷人是巴人，还是賨人？从"秦地即定，乃遣还巴中"看，可以说是巴人；从"复其渠帅罗、朴、昝、鄂、庹、夕、龚七姓，不输租赋，余户乃岁入賨钱，口四十"来看，肯定指的是賨人。"賨人七大姓"成为历史事实，"巴人五姓"也多见于历史文献。但从"白虎复夷"的典故看，似乎又扯到巴人身上去了。我的理解是：复，乃免除赋税之意。因射杀白虎之功，免除了賨人的赋税。但又有一个问题出现了，汉高祖灭秦而立，怎么会念賨人在前朝之功而优待賨人呢？这可能牵涉秦汉的民族政策。

《阆中之巴》又说,阆中之巴,即汉之赛人。说得很明确。结合前文,赛人亦即板楯蛮。可以肯定地说,巴人文化学者引用白虎复夷的典故来标榜其历史,应是不太妥贴的。

前不久,良鸿先生到中国国家博物馆找到了"赛王金印"。从发回照片看,其附注说,赛人即巴人。不知为何作此判断。许慎《说文解字》解释"赛,南蛮赋也"。任乃强先生说"巴人呼赋为赛,是为赛人"。

有学者说,巴人是廪君蛮,世尚白虎,称为虎巴;赛人是板楯蛮,崇拜大蛇(巴蛇吞象),称为蛇巴。这样似可以解决矛盾。但是,赛人文化学者不太接受这个观点。他们说,巴人是外来之民,赛人是土著居民,似也有理。但可以肯定地说,当时的巴国也是个多民族国家。但在春秋设立"巴子国"之前,巴人与赛人是互不统属的族群。后来,共同居住在巴子国,也就都可以被称为巴人。而且,族群之间的融合是历史趋势,以至后来的任乃强先生说,赛人就是巴人,巴人就是赛人,跟中国国家博物馆的说法也比较一致。

赛人清酒或应是浊酒

今日未去长城干红参观,巧的是阅读的《从历史中醒来:孙机谈中国古文物》一书中的文章竟都跟酒有关。《豆腐问题》否定了豆腐发明者是西汉淮南王刘安的说法,但未给出定论。后以河南密县打虎亭1号墓发掘一幅石刻画像,被陈文华先生认为是"制豆腐",且在国际科技史学术讨论会上公布,然其综合考证,此石刻画像乃是在"烤酒"。《释"清白各异樽"》中却从饮酒器、盛酒器、分酒器、温酒器入手,讲明了清酒与白酒,清酒与浊酒的关系。清温是高度酒,宜冷饮,白酒是低度酒,宜温饮。古代祭祀,用的是清酒当中的"复酿酒"(最多复酿九次),清澄透澈,是烈性酒,能祀不能饮。我们说的赛人清酒,应是白醪漉制的,不是复酿的,只是与浊酒相异,较浊酒清澈罢了。《中国谷物酒与蒸馏酒的起源》说,酒大体分三类:

自然发酵的果酒、酿造酒（黄酒）和蒸馏酒（烧酒）。谷物酒的出现从文物实物推定相当于二里头文化的夏代，这和传说"禹臣仪狄造酒"的时代恰好吻合。蒸馏酒的起源有东汉说、唐代说、宋代说、金代说、元代说，但作者倾向元代说，且用《本草纲目》作者李时珍的话"烧酒非古法也，自元时始创其法"佐证之。对于普通饮者，始于何时已不重要。《中国古代的葡萄与葡萄酒》称，葡萄于西汉武帝时从大宛（汗血宝马产地）传入，在东汉末年仍为"中国珍果"，同期有了葡萄酒，也异常珍贵，有人献给大宦官张让十斛葡萄酒，立拜凉州刺史。元代由西方传来蒸馏制酒方法，这样制成的酒乃今日之"白兰地"（世界饮品）。预估，长城干红不会是蒸馏酒，但系自然发酵，还是酿造为之，还需请教。

《賨人王朝》读后记

前期，在读关于賨人文化研究书刊的时候，收到了唐敦教先生的《賨人王朝》。一看，是本章回小说，读了一个章节就丢开了。这次，集中几天时间，读完了这本洋洋洒洒五十余万言的巨著，基本史实源于常璩的《华阳国志》。首先我认为这是一本了解賨人历史的普及教材，比阅读枯燥的史料和史学研究文章有趣多了。其次，作家以史料为经，对历史进程展开了合理的构想，增强了本书的故事性和可读性。第三，这也是一本类似"历史的教训"的书，谈到了成汉王朝兴衰的经验和教训，让本书有了明确的政治教化功能。

我们都知道，成汉王朝经历了李特、李雄、李班、李期、李寿、李势在位的时期。成汉王朝在李势时期被东晋所灭，这个王朝存在了不到半个世纪。本书对流民起义军的形成，对流民起义军的征战和向流民护卫军的转变，都做了比较详尽的叙述，对李雄当政的治国理政也进行了条分缕析般的演绎。后半部分对李雄病重昏睡期间的宫廷政变、官僚群体的变样、人民生活重新陷入水深火热之中，都做了较多的讲述。但是，让人不解的有三点：一是李氏王朝的书中人物除李特、李雄外，几乎全部使用了假名，让了解过賨人王朝的人产生了一些认识上的错位。尤其是对成为大成国丞相的范长生（范贤）更名为"张佐"（张贤），让人难以置信。难道，因为五斗米教乃张氏创立，其教主就一定要姓张？还是作家已经找到了另外的"钢边"史料？二是对李班、李期、李寿、李势执政期间的情况，却不着一字，对我们完整地了解成汉王朝带来了不利影响。这也与书名《賨人王朝》不甚吻合。三是李雄昏睡几年，然后复活，这也有点儿离谱，与史实记载大相径庭啊。

此书是一本具有明确的政治教化功能的教材，主要的政治教化功能有三点：一是"民贵君轻社稷次之"的观点。这是孟子的学说，书中说成了孔子，这也是应当指正的。二是反腐必兴、贪腐必亡，这是历史的普遍规律。因为这个问题关系人心向背，关系着执政的基础是否牢固。基础不牢，地动山摇，贪腐的政权只有土崩瓦解。三是功臣的贪腐，是所有王朝的通病。因为他们所处的环境变了，从求生存到了衣食无忧的境地，滋生了求享受的心理。因为他们自认为劳苦功高，也应该享受享受，导致了"救民于水火"演变为"陷民于水火"，这同样是值得警惕的历史现象。

又说巴人和賨人

常璩《华阳国志》载：宕渠，盖为古賨国，今有賨城、卢城。对于賨城，已经非常明确，那就是渠县土溪镇的城坝遗址。但是卢城何在？尚不可知。

刘兴国《巴文化纵横》下卷《巴史纪事》云：羌，作为"巴师八国"之一参加了牧野之战。此后，再未见与巴之间有什么关系。直到东汉，才有板楯蛮（巴人，此处应为賨人）被羌人（周为羌族）视为"神兵"的记载，见于《后汉书》。

又云：卢，是一个古老的民族。商殷武丁之时即为商的属国。1975年在安阳殷墟武丁妻子妇好的墓中曾出土一件玉戈，戈上铭文有"卢方皆入戈五"。商末，卢亦作为《牧誓》的八国之一参加了武王伐纣的联军，为消灭殷商立下了战功。

又云：卢戎之国在今鄂西北。顾栋高《春秋大事表》卷五在解释《左传》秦、楚、巴三国伐庸时，楚军"自卢以往，振廪同食"的"卢"时指出，今湖北南漳东五十里有中卢镇，当其地也。卢戎之国后来被楚攻灭，降为普通城邑——卢邑，楚军过路取食，十分自然，这是它（卢）的东境。而卢戎之国的西境在竹山县。《括地志》说："房州竹山县，本汉上庸县，古之庸国"。这说明，卢戎之国的西部早为庸国所并。我搜索了"竹山县"：古称上庸县，隶属于湖北十堰市，位于湖北西北秦巴山区腹地。东邻房县，北界陨县，西北邻陕西白河县，西交竹溪县、陕西旬阳县，南接神农架林区、重庆市巫溪县。我们可以看出古卢国的大致位置。刘兴国的《巴文化纵横》说：古卢国，在今湖北陨县西南，位置也差不多吧。

又云：在公元前611年楚、秦、巴三国灭庸时，卢早已过大巴山而西遁宕渠了，故《华阳国志·巴志》说宕渠有"卢城"。我在想，如果这个"卢越巴山西遁宕渠"有史料佐证就好了，还有待查证落实。《华阳国志》的作者常璩，曾在"五胡十六国"的成汉国末代皇帝李势手下做散骑常侍，成汉国被东晋的桓温于347年灭掉。与公元前611年秦、楚、巴灭庸已遥遥相距近1000年了。常璩说"今有卢城"，说明在据今1000多年前还有卢城存在，可惜所有的《宕渠志》都没有关于卢城的记载。让人难解的千年之谜，期待有人破解。

我曾经通过"赀人七姓"首位有时是"罗"，有时是"卢"猜测，可能卢就是罗，因为罗国与卢国曾经两面夹击楚军，它们应是山水相连的邻国。据百度百科，罗国是夏商时代芈部落穴熊的一个分支，蛮夷，和荆楚同祖。大约在殷高宗武丁时，芈族系诸部落遭到殷的征伐，罗便随楚由罗山迁避到甘肃正宁，以后又被周王朝讨伐，随楚国迁于湖北房县和宜城。到了春秋初期，被楚所灭，将其遗民迁于枝江，后来又被迁至湖南汨罗。罗国、卢国可以两面夹击楚军，也可能刀戈相向，互相侵略。或在某一时，罗国就吞并了卢国，也未可知。如果是这样，宕渠的卢城就是宣汉的罗家坝遗址。这只是妄议而已。国学大家季羡林说：学术，就是要大胆假设、小心求证。看来我后面需要的就是"求证"，而且要"小心"了。因为求证出来，宣汉的罗家坝遗址就是賨人文化遗址，而不是巴人文化遗址了，这也是要冒犯大方之家的。所以，务必小心求证。如果从賨人、巴人异源合流的方式来分析，也可以放弃賨巴之争了。毕竟地方都以巴命名，賨人早已归属于巴人。所以，賨人也是巴人，是巴地人。或许我所反对的"賨人是巴人的一支"的说法，还是很有道理的。

扯不清的巴賨关系

读完刘兴国先生的《巴文化纵横》上卷《巴文化巡礼》，本想从这本书上找到一些巴人和賨人的关系线索，但难免让人有些失望。虽然多次引用了已故历史学家（巴史专家）邓少琴的研究成果，但又回避板楯蛮就是賨人这个事实，直接说成是板楯蛮巴人，与廪君蛮巴人相对应。原因是什么呢？在于编著者有先入为主的认识假定：賨人是巴人的一支，巴人就是虎巴，賨人就是蛇巴。研究巴人，賨人是一个绕不开的话题。因为什么呢？图腾不同，说明部落崇拜不一样，进而可以推断出族群不一样，族群不一样进而可以推断出祖源不一样。我曾经说过，巴人和賨人是异源合流的关系。正如宣汉的前河、中河、后河要汇成州河，州河、巴河要汇成渠江。从远古到秦汉，賨人肯定不是巴人的一支，而且賨人也多次以族群的名称出现在战场上，出现在史册中。但是由于战争，由于民族的迁徙和融合，巴人和賨人到秦汉以降就没有族群的明显界限了，或者说巴人不仅征服了賨人，而且同化了賨人。

但是，一个有趣的现象是，直到三国时期乃至晋朝初年，《资治通鉴》仍多次出现"巴賨酋长"（巴賨夷长）的称呼，这与秦灭巴蜀后设置巴郡、宕渠县的年代相比，已经过去了约500年。在推行郡县制的政治体制下，还有巴賨酋长，证明统治者对于巴人、賨人仍实行的是双轨制的羁縻政策。巴賨并称，说明这两个族群还同时存在，以巴为首，说明巴人比賨人强大，但两个族群融合程度还很低。至于什么年代两族完全融合，那要到晋朝末年乃至賨人后裔李特、李雄建立成汉政权的时代。因为，李特、李雄都在史书上成为"巴氐人"。他们是流民，必须寄籍在当地，冠以"巴"可以说是巴人，此时的"巴"应为"巴地"，可以说是"巴地人"。所以，我们达州提倡打造巴文化，是一个十分宽泛而缺乏确指的东西，是巴人文化、巴国文化、巴地文化，抑或是指巴人文化圈？为了避免巴人文化和賨人文化之争，毋宁提倡打造"巴賨文化"。本书从"惊现巴王城"说起，对巴文化的方方面面都有所涉猎，这是好事，对巴文化有了全景式的展示，对我们初步了解巴文化有很大的帮助。发现巴王城，又是因为"古墓被盗的新闻"。考古学家始终跟在盗墓贼的后面亦步亦趋，岂不可笑，然而却是事实。本书从巴王城（宣汉罗家坝遗址）出土文物进行了分类和分析，M33号的发现，提升了罗家坝东周墓地的规格。其中，最有标志性的出土文物是"巴式柳叶剑"。还发现了"鼎"（这个始于西周）。鼎是青铜礼器中的主要食器，在古代社会中，用它类"明尊卑，别上下"，也就是说是用作统治阶级等级制度和权力的标志。商代晚期殷墟妇好墓出土方鼎二、扁足方鼎二、大小不同的圆鼎三十二具，还有少数残破的碎片。这可以说是用鼎最多的，实属罕见。我们也知道鼎是食器，也是殉葬品，体现了古代先祖"视死如生"的神仙观念。根据礼书记载：西周制定了列鼎制度，奴隶主贵族等级越高，享用的鼎就越多，就是说享受肉食品也越丰富。所以《曹刿论战》要说"肉食者鄙"。还据礼书记载：西周时，天子用九鼎（也有一言九鼎，说明是可以拍板的人，最高决策者），第一鼎盛牛，称为太牢。诸侯用七鼎，第一鼎盛羊，称为大牢。卿大夫用五鼎，称为少牢。士用三鼎（也有用一鼎的，鼎实只有"猪肉"）。从鼎实看，只有天子的鼎实有"牛"。书中《巴人祖源何处寻》一文告诉我们，汉水与长江之间的陆地——巴域很可能是人类早期起源的地区之一。1986年10月。人类学家在古宣汉县境现重庆城口县大宁河汇入长江的巫山县大庙区庙宇镇龙坪村龙骨坡，发现了一批古人类化石，有乳门齿2枚、刚萌出的恒门齿1枚、带有2枚牙齿的左下颌骨1块。这批古人类化石不同于已知的晚期猿人化石。经中国科学院1991年2月采用古地磁法测定，其地质年代为更新世早期，距今201万年至204万年。这批古人类化石，学术界称之为"巫山人"。1965年在云南发现的元谋人，原被认为是170万年前最古老的人。巫山人的发现，使我国发现的最古老的人类提前到200万年以上，是科学上最为重要的发现之一。

《山海经中的巴人和巴国》说巴源于"鱼"，说巴源于"蛇"，这多是从字形上来说的，然后说"鱼就是蛇"，也是有文字依据的。还说源于"石"，这多是从读音方面来说的。还有女娲补天的传说，直接就是"人面蛇身"，也说源于其母族巫盼的。据《巫山县志》记载，夏商之际"有巫载人，盼姓，帝交后，广韵有国载"。《山海经·大荒南经》"帝舜生无淫，无淫降载处，是谓巫载民"。但廪君巴人崇拜白虎，却缺乏应有的交代。书中有这样一句话"廪君蛮（崇拜白虎）、板楯蛮（惧怕白虎）"，也可看出这两个族群显然有不同的崇拜对象，难道板楯蛮崇拜蛇吗？这样推论出来，賨人还真是"蛇巴"了。本书云：宣汉罗家坝文化遗址地处大巴山南麓，历史文献中称为"巴山之巴"。此"巴山之巴"的族属，据邓少琴先生研究，认为"巴山之巴即巴蛇之巴，为板楯蛮——賨人族系"。这段话说明：宣汉罗家坝文化遗址，从现处地域来说，属于"巴人文化遗址，"但其本质还是"賨人文化遗址"。从史书记载看,賨人曾经参加过武王伐纣吗?实得"巴蜀之师",有賨人吗?有。因为让殷人"前徒倒戈"的正是"前歌后舞"的賨人。而且賨人帮助刘邦评定三秦,募发賨民的是范目(是不是賨人,不可考),带领賨兵的是樊哙(是不是巴人,不可考)。白虎复夷又"专以射虎事",显然是指的賨人,这里的"白虎"是地名的指代,正如,四川的打工仔被统称为川军,四川人被人叫作"川耗子"。这里的"夷",显然是指评定三秦的賨人。而且还有汉高祖"此武王伐纣之舞"作补充说明,还有《华阳国志》"故世号白虎复夷,一曰板楯蛮,今所谓弜头虎子者也。"《山海经》记载:西南有巴国,太皞生咸鸟,咸鸟生乘厘,乘厘生后照,后照是始为巴人,这就是巴人的世系。太皞伏羲氏是巴人最早的祖先,咸鸟是因为殷商王朝征服巴国,把图腾"鸟"加在之前。乘厘是巴族的始祖,后照是巴的先君。

鸟夷系,图腾是鸟,鸟夷系的领袖是尧和舜,约公元前1600年建立中国第二个王朝——商朝,商族是子姓。鸟夷系的秦族在公元前221年建立了中国第一个大一统的王朝——秦朝,即所谓的封建社会的开始,秦族是嬴姓。鸟夷系最伟大的思想家是战国中期的墨子。昆仑系,族群众多,相信昆仑是宇宙的中心。其大族有羌族、楚族,巴人巴族也属于昆仑系。昆仑系最伟大的思想家是春秋末期的老子。

让人获得新知的是,本书在对于"巴盐"的研究,使人耳目一新。《巴文化纵横》书中《盐和人类》载:盐是人类生活的必需品,是人体细胞和血液的重要组成部分。论者断言:"人猿揖别"如果要举行仪式的话,那场地必定设在产盐地带。编者也附录了《中国盐资源的分布》及《中国岩盐及地下水资源产地》,有宣汉,而没有渠县。四川盐资源分布有长宁特大型盐矿,川中特大型盐矿等,也有宣汉,没有渠县。不知道为什么。

我们很高兴地知道,盐,又叫"盐巴",是说盐产于巴。巴盐的开采(盐泉、盐井)和运送(盐道的形成)、经营(盐官的设置),

让"巴"成为一个强大的族群、强大的国家（部落方国），从而在春秋战国时代，被西周、秦楚等重视，曾帮助武王伐纣，曾联合秦楚灭庸，灭庸后，还分得庸的三分之一领地和人民，变得更为强大。但是，世界也不太平，战争总是在发生。巴楚征战不断，巴秦征战不断，最后巴也被楚"割了一大坨肉"，巴与蜀也被秦"全部兼并"。在盐道上，我们看到了"巴山背二哥"的形象，知道了他们的艰辛生活形态，用三句话来概括：生命在脚上、生计在肩上、生活在路上。当然，这本书还有很多巴人与汉人有关的知识，不再赘述。

还是来说说竹枝词吧。中国古代，是非常重视礼乐的。"礼"是行为规范，以保证社会有序而不乱。"乐"是精神产品，用来愉悦性情、安定社会的。竹枝歌或竹枝词，都是"乐"。竹枝词为朝廷重视、采集，后才有文人创作，这要感谢贬官夔州的唐代诗人刘禹锡。他的《竹枝词》，为首的一首是"杨柳青青江水平，闻郎江上唱歌声，东边日出西边雨，道是无晴却有晴"，有论者认为，最出名的这首并不是刘禹锡创作的，可能是刘禹锡收录的。包括鲁迅也是这么认为。刘禹锡所感受的竹枝词都是苦痛、哀怨的，这更加重了他对人生苦痛的感同身受，符合他的"贬官心境"，所以才能"情动于衷"。我们也在书中看到，也有一些竹枝词是俏皮的，是男欢女爱的，这样才是人生的全部。竹枝词，其实有些时候是劳动号子，有些时候是夜间小调。至于"巴渝舞"，本书的肩题为"从巴人到土家族"，指向也很明确，本书要告诉我们的，巴人是土家族的祖源。因此，"巴渝舞"又跟土家族的"摆手舞"或者"钱棍舞"结合起来，有些相似之处，但是，我觉得"钱棍舞"更接近"巴渝舞"的武舞特色。

看北京联合大学解读賨人和巴人

北京联合大学旅游学院《賨人谷景区发展总体规划》，是一份文化旅游深度融合发展的规划，从文化中来（探寻），到文化中去（体验），完成了文化与旅游的嫁接，完成文化游与风光游的嫁接，完成人杰与地灵的嫁接。大家盛赞《规划》对賨人文化的梳理，的确如此。从史载痕迹、民族特性、源流关系，都弄得较为清楚。但对巴人、賨人关系却还略显含混，得出"賨人是巴人的一支"这个结论虽不错，但不全对。

首先，我们要看到巴人、賨人的关系是异源合流，正如渠江是州河、巴河的合流。因为异源，不能说賨人是巴人的一支。因为合流（武力征服、人种融合、文化交集），可以说賨人是巴人的一支。因为有"巴人呼赋为賨，因谓之賨人焉"，也就是说，賨人，是他称，是族称，巴人与賨人不是同族人。从《资治通鉴》看，先秦及以远，没有賨人这个称谓，只有"板楯蛮人"（也即賨人）的记载，賨人的称谓始于秦汉时期。秦灭巴、賨、蜀后，设巴郡、设宕渠县，郡统领县是当时的行政体制，所以巴郡人都可以称为巴人。比如，我们渠县人在省内外都可以说自己是达州人。为此，说賨人是巴人的一支，也是对的，因为这里的巴人是地域概念，意为"巴地人"。有学者从民族图腾的角度来否定"賨人是巴人的一支"的说法，巴人崇尚白虎，而賨人以射虎为能事，还获得白虎复夷的国家优待，我非常赞同这个观点。有学者猜测"射杀白虎"可能是賨巴战争的隐喻。秦灭巴、賨、蜀实行郡县制，但仍并行酋长制，秦利用賨人对巴人的仇恨，让賨人攻打反叛的巴人，平定了巴人的叛乱，也有可能。因为賨人先祖板楯蛮人多次被朝廷征召远征平叛，号为"神兵"。《规划》上采纳賨人的远祖是"濮人或者彭人"，本土賨人文化研究大家李同宗先生认为是彭人，而县志办的刘渠先生不认同这个说法。读了蒙默先生《南方古族论稿》后，我较认同是濮人之说。有学者指出：李雄不是賨人，是氐人，是巴氐人。这是有历史依据的。李雄的曾祖李虎是巴西宕渠人，为賨人无疑。賨人敬信五斗米教，投奔汉中张鲁。曹操征伐汉中，李虎率五百家投靠，被封为将军，迁居至略阳，号称巴氐。这就牵涉到寄籍制了。巴是原地名，氏是寄族名，用巴氏把他与本地氏族人区分开来。李雄是不是賨人？是不是宕渠人？从这个史实可以看出：李雄是賨人后裔，其母罗氏乃賨人大姓之女，完全是賨人血统。李雄祖籍是巴西宕渠，其建立政权后，把宕渠县升格为宕渠郡也表明了李雄的"故乡情节"。散骑常侍常璩，收录宕渠巨人的传说，也是为了说明宕渠人为王称帝乃有"天意"，是谶纬之说的自然流传。

賨人在《资治通鉴》中

抄录《白话资治通鉴》第82卷一段话：当初，张鲁在汉中，賨人李氏从巴西宕渠投奔依附张鲁。魏武帝攻占汉中，李氏带着五百多户投奔魏武帝，被任命担任将军之职，迁徙到略阳以北地区，号称巴氏。李氏的孙子李特、李庠、李流都有才能而且勇武，擅长骑马射箭，为人仗义好打抱不平，州中与他们志同道合的人都归附他们。等到齐万年反叛的时候，关中连年饥荒，略阳、天水六个郡的百姓流亡，迁移寻找粮谷，其中进入汉川的有几万户，道路上到处可以看到生病的人和穷苦的人。李特兄弟常常赈济、保护这些人，因此得了民心。流亡的百姓到达汉中，上书请求到巴蜀就食，却没有得到朝廷批准，派遣侍御史李苾持符节予以慰劳，并监督他们，不允许他们进入剑阁。李苾到达汉中后，收受了流民的贿赂，于是上表说：流民有十万之多，不是汉中一个郡所能够救济的，蜀地还存储有粮食，百姓又丰足富裕，可以让流民去那里解决吃饭问题。朝廷同意了。从此，流民向梁州、益州散布开去，不能静止。李特到达剑阁，长叹说：刘禅拥有这样的地方，竟然归降别人，难道不是庸才吗？听到他的话的人，都认为他不一般。

对于这段话，我有以下理解：第一，按照《资治通鉴》对人物介绍的方式，一般是先说郡，再说人。而这段话说"賨人李氏从巴西宕渠投奔依附张鲁"。这种介绍方式，跟匈奴、鲜卑、羌人等少数民族的介绍基本一致，说明当时赉人是一个十分强大的少数民族。第二，李氏（李特祖父）投奔汉中张鲁，说明赉人敬信"五斗米教"。这种宗教信仰，一直延续到成汉政权之中，比较典型的是李雄请范贤（范长生，蜀中道教首领）当国相。第三，李氏带着五百多户投奔魏武帝，被任命为将军之职，一方面说明，五百多户已在当时人口稀少的情况下算是不小的规模了，另一方面说明以李氏为首的赉人有政治头脑和军事才能。第四，迁居到略阳以北地区，号称巴氏，说明赉人在当地已经成为望族，因为有才能而且勇武，善于骑射，仗义、好打抱不平，具有很强的号召力，所以州中与他们志同道合的人都归附他们。这些特点，恰恰是赉人的特点，无论在本土还是在迁徙地，都受到了普遍的欢迎。第五，齐万年的反叛，是白痴皇帝司马衷无能为政、丑陋凶悍皇后贾南风秉持朝政、名臣义士和奸邪小人交相杀戮导致朝廷空虚的结果。流民的形成，既有自然灾害，又有人为灾害，崇尚清谈、玩弄玄学、不务农桑，导致了饥荒的发生。正是这样的时势造就英雄，李特兄弟及其后代们才能脱颖而出，成为当时的俊杰，在乱世最先建立自己的政权。以前曾有秀才刘渠先生撰文《三国，赉人没有什么事儿》，读过《资治通鉴》后，关于赉人的记述出现多处，证明赉人跟三国还不是"一毛钱的关系也没有"。比如本段文字，就有投奔张鲁、投奔曹操、迁移略阳、吸附当地人等，还是比较强势的，需要我们到史书或方志中去找寻。

读《巴蜀历史画廊》

曾听戴连渠先生提到过何介福先生的《巴蜀史》，心向往之，找遍京东、当当和文轩，都没买到。看见《巴蜀历史画廊》，勉强买下了。这本小书，分八个板块，以时间为序、以文物图片为点、以史实简述为主，讲述了从远古到中华人民共和国建立的巴蜀历史。读完全书，觉得该书号称巴蜀历史，却又有轻巴重蜀的倾向。或者说，是以蜀文化为主的。

书中《遗迹遍巴蜀,石器启文明》一文告诉我们,被誉为"蜀人始祖"的是"资阳人",是 1951 年,在资阳黄鳝溪发现的一个女性头骨化石。这件文物是在修建成渝铁路时发现的,还靠时任西南局第一书记的邓小平和文物专家张圣奘。张指出:"资阳人"是人类学上最接近现代人的,称为"真人"。郭沫若先生说:此乃吾川有史以来的重要发现。该篇还用"知识链接"的形式,说明了石器时代的三个阶段。介绍了巫山大溪遗址,后称"大溪文化",重点介绍了大溪红陶空心球。我用放大镜一看,确实是既精美又神秘,居然有对称美学和平面几何的影子呢。接下来,详细介绍了 1995 年新津县城西北的龙马乡宝墩村发现的古城遗址,并有"长江流域与黄河流域一样也是人类早期文明摇篮"的结论。我记起,我们渠县出土的最古老的文物,是石斧和陶网坠,都是石器时代的东西。不过,石斧更早,陶网坠则是新石器时代的遗物,表现的是宕渠先民的农耕文化和渔猎生活。

《青铜竞璀璨,图语藏玄秘》一文告诉我们,古巴蜀璀璨的文化之光照亮了历史的天空。这是青铜器的时代。广汉的三星堆,出土了大量的青铜器、玉石器、象牙、贝、陶器和金器。戴金面罩人头像,精美绝伦。面具上独特的眼睛叫"纵目",这是蚕丛人当上了蜀王后留下的纪念物。青铜立人像,是世界上最大、最完整的,被称为"铜像之王"。青铜神树,疑为"太阳树",或疑为"扶桑树",反映了古蜀人神树崇拜的观念。这种观念,是在生殖崇拜之后的自然崇拜。以三星堆为中心的重要文化遗址,还有彭州竹瓦街窖藏。1959 年、1980 年,两个大坑相继被发现。坑内一个破碎的大陶缸,里面都装有铜器。这两批青铜器,都是中原之物。其中的两件铜觯(古代的饮酒器)分别刻着"覃父癸"和"牧正父己",原是殷人某氏族的专用品。当年蜀人与周武王一起宣誓出征伐纣,共同消灭殷商王朝,这两件文物可能是参加伐纣战争的战利品或赏赐品吧。本篇的"知识链接"

《蜀王本纪》提到，杜宇是从天上坠下的王，他在娶了江源的美女后，迁都郫邑称帝，号为"望帝"。后有了鳖灵"逆流而上、死而复活"的故事，望帝请他做了相。鳖灵治水有功，望帝又效法尧舜故事禅位，这就是丛帝开明氏。而望帝却化为子规鸟（杜鹃）飞走了。早春二月，杜鹃的叫声，是不是在提醒世人"祭祀望帝"呢？接着，这本书说了"金沙遗址"，这个在本世纪初才重见天日的遗址，最为重要的是发现了"太阳神鸟"，讲述了"金乌负日"的神话故事，给出了"太阳崇拜"的结论。讲了巴与蜀各有自己的中心，一个川东、一个川西。出土器物上的纹饰有虎纹、鸟纹、蝉纹、人形纹、蛇纹、蛙纹、蚕纹、蜂纹及手心纹、花蒂纹等，被不少学者称为"巴蜀图语"。从天神崇拜到自然崇拜，从自然崇拜到动物崇拜再到人体崇拜，这也是人类正常的进化轨迹吧？据专家称，渠县的城坝遗址、宣汉的罗家坝遗址，都是春秋战国时期的文化遗址，可惜书中未着一字。

读《渠县志》

据《渠县志》载：2万年到1万年前，渠县已有人类活动。1万年到4千—5千年前，已有原始村落，人们开始聚居开发。据考证，土著人为"蛇巴"。秦汉时期，"蛇巴"以麻布缴纳赋税，谓赋为賨，賨人由此得名。賨人由游牧渔猎逐步转为农耕，商代中晚期，以今渠县土溪镇城坝村为活动中心，经济相当发达，已能酿制名贵的"清酒"。到周代，已成为奴隶制国家——賨国，后为秦国所灭。

有这样四个问题需行家来解决：

1. 土著人为"蛇巴"。这显然是受了"賨人是巴人一支"观点的影响。读过一些史料，从图腾崇拜来看，巴人自称是廪君之后，廪君死后化为白虎，因祠焉。巴人的图腾崇拜是"虎"。而賨人"以射虎为（能）事"，显然，賨人不是巴人的一支。不知作者考据的依据是什么。从后世的史料看，巴人或称为"廪君蛮"，而同时代的賨人被称为"板楯蛮"。这个称呼,都不会早于西汉。那土著人为蛇巴,显然缺乏依据。说賨人是巴人的一支,这个说法也有合理的成分,因为这里的"巴人"是一个十分宽泛的概念,除了指"巴族人",还有"巴地人"和"巴国人"之谓。但说賨人是"蛇巴"就可能有问题了。

2. 秦汉时期,"蛇巴"以麻布缴纳赋税,谓赋为賨,賨人由此得名。这个说法或源自东汉许慎的"賨,南蛮赋也"。任乃强先生曾经解释"巴人呼赋为賨,是为賨人"说,賨人就是巴人,巴人就是賨人。这个解释是无可奈何的解释,不仅混淆了两个族群的概念,而且把两个族群作为同一族群,显然与历史的真相不相符合。我的看法是,东汉许慎的说法有两点,第一点,"賨,南蛮赋也",指出賨人的地理方位,位于中国西南。说出了那时统治阶级对西南少数民族的称呼,叫南蛮。也跟历史上中国(中原)把自己当中心,按方位称呼少数民族的习惯,是为"东夷、西戎、南蛮、北狄"。这种习惯称呼不会早于秦并六国之前。第二点,"巴人呼赋为賨,是为賨人"。进一步指明了賨人所处的地理方位,是在巴国或巴郡或巴州。进一步指出了这里有一部分"巴人"(指巴地人)把"赋"叫着"賨",这些人就是賨人,而不是"巴人呼赋为賨"所以"巴人就是賨人"。

3. 賨人由游牧渔猎逐步转为农耕,商代中晚期,以今渠县土溪镇城坝村为活动中心,经济已有较大发展,已能酿制名贵的"清酒"。这个说法基本正确。从游牧民族向农耕民族转变,是历史发展的必然,因为渔猎游牧的不确定性,随着族群的扩大、族众的增加,让族群或族众必须考虑生存的问题,这就是"定居式"的农耕。但是,是否在商朝中晚期,賨人就以土溪为中心聚居下来。这还是有待史证的。至于賨人农业的发达,可以有两点来说明,一是賨布,说明了种植业的发达。二是清酒,也说明了种植业的发达,而且在满足吃饭的情况下,粮食还有一定的剩余,或者賨人的首领或富户是这种情况,只有粮食的富足才会产生酒。酒在中国古代即使到秦汉以降,都是统治阶级垄断的物品。民间喝酒吃肉,都要靠"皇恩浩荡",叫喝三天就喝三天,叫喝五天就喝五天。反之就是"违禁"。比如三国时的曹操,在深感军粮不足时,就下达了严厉的"禁酒令"。"清酒"也充分说明賨人农业的发达。賨人的"清酒"也是见于史载。在秦昭襄王时期,其刻石为盟曰:秦犯夷(賨人)输(输送)黄龙一双,夷(賨人)犯秦输清酒一钟。黄龙与清酒并列。一方面说明清酒的珍贵,另一方面也体现了秦国的统治者因为"賨人射虎"功绩的赞与赏。当然,有的研究者说:賨人射虎,只是一种隐喻,指的是另外的历史事件。这也是有可能的。在历史上也有这样的故事,巴陵的来历也说明了这一点。后羿射杀"巴蛇",也是隐喻的"屠巴"的事件。这里还要说说"清酒"。据《中华酒典》,清酒是与浊酒相对的,是多次酿造的高纯度的酒、没有杂质的酒,在古代通常是祭祀用的。渠县把"清酒"通常读"咂酒"。从咂酒的生产工艺看,它肯定不是酿制的,是满含杂质的浊酒。

4. 到周代,已成为奴隶制国家的賨国,公元前316年为秦国所灭。据史载,秦惠文王更元九年,秦王派遣司马错、张仪伐蜀,先灭蜀,再因"贪巴之富而灭巴"。从这点可以看出,秦灭蜀,依靠的主要力量是巴,或者说必须"借道于巴"。但秦为什么要灭巴,历史上说"贪巴之富",论据远远不够。从宋代郭允蹈《蜀鉴》看出,战略上说,秦与巴蜀之间还有一个大国楚,只有把巴蜀一起灭掉,秦才能与巴蜀一起,对楚国形成两面夹击之势。巴蜀的富庶,确实为秦灭楚提供了军粮和兵力的保障,而且两面的夹击,才是楚走上灭亡之路的关键。但是,到周代,賨人是否已建立了奴隶制国家,还是缺乏史证的。史载,秦惠文王更元十一年置宕渠县(隶属巴郡),治地賨城。但从"賨王金印"铭文:汉归义賨邑侯。说明賨人至汉代也还没建立奴隶制国家,至多是部落或部落联盟。

据《渠县志》载:在秦王政二十六年统一全国后,仍置巴郡宕渠县。汉武帝元封五年(前106年)全国设13刺史部。巴郡宕渠县隶益州，治地同前。王莽"新朝"时期改益州为庸部，巴郡宕渠县隶庸部。东汉明帝永平年间，宕渠县人口万户以上，署官为令，宕渠县是当时的上等县。据史料记载，按照当时的设官规矩，万户以上的县，长官称"令"，万户以下的县，长官称"长"。不像现在，无论人口多少，县政府首长统称为"县长"。

东汉和帝永元年间，析宕渠县之东置宣汉县，析宕渠县之北设汉昌县。这是宕渠县历史上第一次析分。以至宕渠县的辖区第一次从5万平方千米减缩到2万平方千米。汉献帝兴平元年（194年），益州牧刘璋将巴郡分为固陵郡、永宁郡和巴郡，宕渠县仍为巴郡所辖。建安五年（200年），张鲁在汉中建立政教合一的政权（五斗米教），巴夷王、賨邑侯叛益州投汉中（这是賨人反叛地方政府改投他处，但并不是全部投靠）。建安六年（201年）固陵郡人争巴名，刘璋（因私人恩怨）改永宁郡为巴郡，固陵郡为巴东郡，原巴郡被称为巴西郡，巴西郡的郡治在阆中。时称"三巴"。据《华阳国志》，分巴的由来，是因为巴郡人嫌巴郡太大，政府管制鞭长莫及，人民见官十分困难，乃由宕渠人赵芬（时任巴郡掾）提请朝廷而做出的决定。建安二十年（215年），张鲁降曹操，賨人、巴人首领杜濩、袁约、朴胡等也投曹。后来，张飞受刘备命收复巴西郡，任巴西太守。建安二十一年（216年），刘备鉴于巴西多事，又为拒曹要地，乃在巴西郡宕渠县旧地置宕渠郡（这是宕渠设郡之始）治地賨城，领宕渠、宣汉、汉昌3县（初设宕渠县辖区），封賨族上层人物为"邑侯"，郡理宕渠县为"宕渠侯国"。当然，还有学者李同宗说，历史上确有"賨国"，乃楚国的子国。楚国于公元前298年与賨国发生战争，"执賨子以归"，賨国亡。楚王又封宗子于賨，称为"宗国"，也就是后来的賨国。但是，本地学者刘渠说，既然巴蜀在公元前314年就被秦所灭，并设置了郡县，何来公元前298年楚国"执賨子以归"呢？又据一个资料说楚国在公元前401—前400年，楚国和巴国曾发生战争，差点儿灭掉巴国，这或许有"执贽子以归"的可能性。历史真是让人难以晓畅明白。蜀汉章武二年（222年），宕渠郡省，后主延熙年间中复，"郡建九年省"，其地仍归巴西郡管辖。先主刘备去世，为何死前一年要撤掉宕渠郡？从记载来看，后主刘禅在延熙年间光复宕渠郡，至少在先主裁撤宕渠郡后15年才重设。这是不是跟汉中的形势息息相关，是不是跟镇北大将军在蜀汉政权的地位攀升有关呢。王平，字子均，巴西宕渠人，也就是今四川省渠县东北，籍贯益州。三国时蜀汉后期大将，原属曹操，曹操与刘备争汉中，得以投降刘备。诸葛亮第一次北伐时与马谡一同守街亭，之后深受诸葛亮的器重，率领蜀汉的王牌军队无当飞军，多次随诸葛亮北伐。诸葛亮死后镇守汉中，曹爽率领十万大军攻汉中时，被王平所击退。官至镇北大将军、汉中太守，封安汉侯。为事实上诸葛亮第一军事接班人。先主设置宕渠郡，是因为宕渠处于据曹的战略要地。而先主在死前一年裁撤宕渠郡，是因为他想把主要军事力量用于东吴，而对诸葛亮的北伐已经失去信心。后主复置，是因为蜀汉与东吴的联盟已再次因先主的死和关羽、张飞的死，而不得不重新建立，军事的指向仍是曹魏，宕渠的战略地位再次显现，加上宕渠人王平，是为蜀汉的北方柱石。王平死后，北伐前沿阵地失守，宕渠战略要地也失去意义，宕渠郡也随之裁撤。结合上下文分析，后主复置宕渠郡的时间疑为239—248年。这也只是我的臆想和猜测。西晋泰始二年（266年），分益州置梁州，巴西郡改隶梁州。元康六年（296年），又分巴西郡置宕渠郡，统宕渠、汉昌、宣汉三县（从设置宕渠县、郡的领地范围看，都未超过秦时所置宕渠县的范围）。

7. 宕渠之战及其他

"宕渠"之名出现在史册上，是在先秦时期。那时，秦国还不是秦朝，因为还要等上近百年的时间，秦王嬴政才能"一扫六合"，成为千古一帝。秦惠文王更元九年（前316年），司马错和张仪受命伐巴蜀。《华阳国志》说，张仪"贪巴苴之富"灭巴，于前314年设立了宕渠县（或许同时设立了巴郡），到明洪武九年（1376年），朱明王朝定名"渠县"，"宕渠"或郡或县存续了1600多年。

闲下来翻看历史，我觉得宕渠在东汉是最威武的，可以说达到了巅峰状态。据《华阳国志·巴志》载，车骑将军冯绲、大司农玄贺、大鸿胪庞雄、桂阳太守李温等皆建功立事，有补于世。其实，他还没有说完，还有冯绲的父亲冯焕（当过豫州和幽州刺史）、沈府君（当过地跨越南河内的交趾都尉）和第五伦（先为宕渠令，后为蜀郡太守）。如果把三国时期也算在东汉，文武兼备的安汉侯、镇北大将军王平也能位列其中。可以说，从中央到地方，从文官到武将，都有宕渠人英武俊朗的身影。

现在，渠县土溪到岩峰不到九千米的古驿道两旁，还有东汉时期的"汉家陵阙"六处七尊（全国文物保护单位）。汉阙被誉为"石质汉书"，这就是有力的物证。更莫说土溪千年城坝"转身就成遗址"，CCTV—10的《探索·发现》栏目，也曾多次不惜笔墨，或单集或上、下集，讲述巍巍宕渠的考古发现和宕渠先民賨人的悠悠故事。结合相关史料，说说三国时期那场影响悠远的"宕渠之战"。

宕渠之战，是赤壁大战的"后起烽烟"

我们都知道，"官渡之战""赤壁之战""夷陵之战"，是三国时期著名的"三大战役"。最让人记忆深刻的是"火烧赤壁"，罗贯中《三国演义》用九回的篇幅描述"赤壁之战"，陈寿《三国志》把这场战事记载为"东汉建安十三年"（208年）。当年七月，魏武挥鞭平定北方，随即兵锋南指，率领50万大军去夺荆州，把刘备弄成丧家之犬奔东吴而去。三个月后，百万雄师（据史家分析，估计不过20万，还包括荆州降军）再次南下，企图歼灭江东孙氏政权。

纵观三国历史，曹操、孙权、刘备"三巨头，同聚首"的机会，只有"赤壁之战"。赤壁鏖兵前，曹操给孙权发了个"短信"（檄文），不说是打仗，只说是约孙权打猎，那猎取的目标就是刘备。当然这其中也是暗含威胁的，要孙权方面识时务，也就是要"识相点儿"。孙权深知曹操的用意，但更懂得唇亡齿寒的道理，于是，战前联盟达成一致，这也迅速催生了孙刘联军。庞统献连环计，黄盖献苦肉计，曹操接连中计，巧借东风"火烧赤壁"，曹操大败逃回许昌。孙权与刘备双方都取得了战利品：瓜分荆州。我认为，导致曹军失败的重要原因主要是军中突发瘟疫和北兵不习水战，这在陈寿《三国志》里多有记载。

"赤壁之战"的漫天大火，并没有真正烧死曹操一统天下的野心，但接下来的三件事都有点儿半途而废的意味。一是建安十六年（211年），曹操认为韩遂和马超是不稳定的因素，他们都有与东吴联合的倾向。于是，发兵攻打，打得二人败走凉州。214年马超降刘，215年韩遂被杀。二是建安十七年（212年），曹操再征东吴，一开战双方就在濡须口呈"胶着状态"。后来，孙权去"看望"曹操军营，便有了"草船借箭"的故事（不是诸葛亮，也不在赤壁），有了曹操"生子当如孙仲谋"的慨叹，然后不知就里地退兵了。三是建安二十年（215年），曹操征张鲁，张鲁从汉中奔巴中。刘备自作多情，以为张鲁会降，便派老将黄权去迎接，结果张鲁宁为曹氏奴，也不为座上客。曹操得胜北归，留夏侯渊、张郃守汉中。张郃寇掠巴东、巴西二郡，深入到宕渠"徙民汉中"（为了兵源也为了税源，抢人在古代是常见的做法）。

饶胜文《大汉帝国在巴蜀》（战略分析专著）指出，赤壁之战，只是奠定了"三国鼎立"的基础，真正形成三国鼎立局面的是"宕渠之战"以及随之展开的"汉中争夺战"。据说，建安二十年（215年），孙刘两家又争荆州，曹军从汉中进兵宕渠，刘备以为曹操会得陇望蜀就慌了神，急派巴西太守张飞拒之，引发了宕渠之战。

宕渠之战，是魏蜀两国的"巅峰对决"

2019年，达州巴文化研究院发布的《达州十大历史名人》，渠县就"欣然占了6席"，有些人就不服气。我认为，如果从宕渠最初的域地（5万平方千米）来说，渠县完全可以囊括，至少连广安、广元、巴中、南充、合川的部分先民也只有默认。但是，东汉和帝永元二年（90年）和三年（91年）相继析分宕渠，置宣汉县，再置汉昌县。这次析分，又因"宕渠之战张飞完胜张郃"而被刘备"一票否决"，建制还由县升为郡。

无独有偶，巴郡太守但望、文学橡赵芬顺从"嫌巴郡太大"的民意，上书汉桓帝要求分巴，未获朝廷批准。刘焉入主益州，东州兵团与巴地土著居民矛盾突出。刘璋统治时期，出现"巴人日叛"的局面。兴平元年（194年），刘璋三分巴郡，设置巴郡、永宁郡、固陵郡，虽表达了分而治之的良好愿望，但"巴名之争"由此而起。建安六年（201年），刘璋又只好改"永宁"为"巴郡"、改"固陵"为"巴东"，改"巴郡"为"巴西"，成为"三巴大地"的首创者。

建安十六年（211年），刘璋遥闻曹魏将遣钟繇讨伐汉中张鲁，请刘备入蜀御曹，刘备毅然反客为主。宕渠之战爆发前，宕渠以县之名隶属巴西郡。宕渠之战及至汉中争夺战完成后，建安二十三年（218年），刘备将汉昌、宣汉、宕渠三县置为宕渠郡，直属益州，表明了"宕渠"在统治者心中重要的战略地位。不知道什么原因，刘备称帝后不久，又把宕渠郡改为宕渠县。直到后主刘禅继位，才又把宕渠县升格为宕渠郡，我估计的理由是宕渠，是安汉侯、镇北大将军（后汉柱石）王平的"老家"。

扯得太远了点儿，回归宕渠之战。对于这场战争，本土文史学者戴连渠先生在《张飞扬威宕渠》（达州巴文化研究院编《达州20个历史名人故事》做了较为详细的描述，央视《百家讲坛》也有《三国名将：张飞威震宕渠》（2015年3月18日）的专集，微友"泥腿看客"

还用心理学的方法解读了这场战争。我想说的还有三点:

第一,为什么叫"巅峰对决"?因为战争的双方,都是国家的"硬角色"。张郃是曹操的降将,但曹操有时称"吾之子房",有时呼"吾之韩信",说明张郃是勇猛而有韬略的战将,名列曹魏"五大良将"的排行榜,跟随曹操攻城略地,屡建奇功,派他驻守汉中、攻掠巴西,是曹操的高明之选。张飞,《三国演义》说他是"杀猪的",与刘备、关羽"桃园三结义"。曾经"长坂坡一声吼,吓退曹操百万军",又曾经"义释巴郡太守严颜",也名列蜀汉"五虎将"的排行榜。刘备三兄弟中,老大(刘备)坐镇成都,老二(关羽)防御东吴,老三(张飞)抵御曹魏。防御和抵御之任,有较大的差别,刘备更看重的是既有"万人敌"称号又"勇敌项羽、智肩诸葛"的张飞。

第二,张郃为什么到宕渠抢人?这是曹操的战略指示。东汉末年,战乱不断,自然灾害频发,导致人口大量减少。光有地盘没有人,兵源和税源都缺乏有力支撑,曹操就有了"要人不要地盘"的战略抉择。《华阳国志》说,长老言,宕渠盖为故宾国。张郃的战略目标在宕渠县。一是从汉中进攻巴西郡,有一条叫宕渠水的河流,从北向南流向宕渠县,上游叫南江,下游叫渠江,沿着河流行军打仗,不会因缺水导致"街亭之失"。宕渠县的"板楯蛮"(賨人),曾因助武(周武王)伐纣(以歌舞的方式冲锋陷阵)、助刘(刘邦)兴汉(平定三秦,扭转楚汉相争的局势)。在东汉的战场上,板楯蛮(賨人)多次成为"雇佣军",素有神兵称号。这种稀缺的战略资源,曹操当然不会放过。

第三,张飞战绩为什么能如此辉煌?宕渠之战张飞大败张郃,并不是狭路相逢勇者胜,靠的是智谋。《三国志》说,建安二十年(215年),(巴西太守)张飞进军宕渠县的蒙头和荡石,与张飞相持五十多天。张飞率精兵万余人,大败张郃。张郃弃马寻着山路,与麾下十余人从间道溃逃,好不容易跑回了南郑,宕渠由此得以安宁。但我更感兴趣的是:张飞军中豪饮诱敌、诸葛遣军阵前送酒,大胜后张飞"立马勒铭"

（用丈八矛在八濛山石壁上凿下两行隶书："汉将军飞，率精卒万人，大破贼首张郃于八濛，立马勒铭"）。可以看出，张飞知道张郃后勤补给困难"耗不起"，相持五十余日，打的是"消耗战"。阵前喝酒，观看摔跤，看似"玩乐"，实是"骄敌"并保持战前的警觉。引诱张郃到不熟悉的小道交战，是精心布阵，设置"口袋战"，使其首尾不能相顾。宕渠之战，这场魏蜀间的巅峰对决，也让张飞的威名直线上升。

宕渠之战，是争夺汉中的"开篇之作"

宕渠之战对于蜀汉最大的收获有三点：一是巩固了孙刘联盟，曹操征汉中、打张鲁，刘备就在法正的话语里明白了"汉中重要"——"无汉中则无蜀"。孙、刘的荆州之争就"搁置争议"，孙、刘之间的联盟得到固化。二是断绝了曹操的非分之想，其抢夺宕渠乃至巴西民众的企图，被张飞一举阻断，曹操自以为最重要的战略资源因张郃的惨败而告吹。汉中，因为曹操的"邺城之迁"（迁民10万）也变得空虚异常，据说当时出现了"兵比民多"的反常现象。三是鼓舞了蜀汉各方的士气，刘备乘势而进，与曹魏展开了汉中争夺战。

汉中，处于关中平原和成都平原之间，是中国西部的战略要地，也是丝绸之路的起点。在中国历史上，南北割据对峙时，通常的情况是，当汉中为南方势力所控制时，双方以秦岭为界；当汉中为北方势力控制时，南方只能凭借大巴山险要来抵抗。汉中夹在秦岭和大巴山之间，是南北双方的一个中间地带，其战略位置十分重要。

汉中之战，由刘备从建安二十二年（217年）发起，至建安二十四年（219年）五月结束，战争持续近三年左右。交战双方主帅分别为刘备、曹操。刘备方参战将领主要有张飞、马超、赵云、黄忠、法正、黄权等，曹操方参战将领主要有夏侯渊、曹休、曹真、曹洪、张郃、徐晃、郭淮等。这个阵容可以看出，曹魏和蜀汉都是拼了血本的，"枭雄"刘备与"奸雄"曹操也在汉中大战中再次见面。

战争的过程互有胜负。先是刘军连续两年失利，接着是219年曹军失利，主帅夏侯渊被黄忠斩杀，张郃被郭淮推为主将，出现了曹魏和蜀汉对峙局面。再是诸葛亮为汉中战事征求从事杨洪的意见，杨洪说："汉中则益州咽喉，存亡之机会，若无汉中则无蜀矣，此家门之祸也。方今之事，男子当战，女子当运，发兵何疑？"诸葛亮于是欣然增兵前线，从而打破战争僵局。后来，曹操失败，失望退出，刘备以胜利者的姿态进占汉中。当年七月，刘备称"汉中王"，开始了"刘先主"称王称帝的生涯。

　　值得一说的还有三件事：一是黄忠"再展老将雄风"，赵云又现"子龙一身都是胆"，这两人为蜀汉夺取汉中立下了足以彪炳史册的汗马功劳，把蜀汉与曹魏的边界推进了数百千米。二是曹操虽然因失败黯然退出了汉中，但他在汉中之战中划定的"分界线"，蜀汉一直到灭亡时也没能再越雷池半步。三是曹操手下将领王平在汉中之战投降了刘备，蜀汉后期北部边防有了重要人选。确实，安汉侯、镇北大将军王平并非浪得虚名。

　　"宕渠之战"的历史遗存，就是现在渠县八濛山的三国古战场。因为八濛山"濛山晓雾"（渠县八景之一）不复存在，县委、县政府精心实施"以文化人、以文润城"的文化旅游发展战略，在八濛山也建起了"三国文化"主题公园。很可惜的是，"时间这把杀猪刀"湮灭了历史的风云，也湮灭了历史的遗迹，八濛山上的桓侯庙和张飞"立马勒铭"全都不见了踪影。好在阆中把"张飞牌"打得很响亮，"张飞庙"和"立马铭"虽然是复制品，还是可以供我们宕渠人凭吊凭吊，回味"宕渠的战火"，吃着"张飞牛肉"，再发点儿思古之幽情。

后记

这本小册子，是我人生的第一本书，也是我从刀笔吏转向文史写作者的一个转折点。之前，从事以文辅政工作30多年，获得了领导和同志们的肯定，人们把我称为"笔杆子"，可我自己也知道，只是个"二杆子"而已。在这里，文字的堆码能力、事件的透视能力，是我实现写作转型最重要的基础。

人，是需要鼓励的。从县委办公室主任到县政协副主席，按人们的说法是得了个"安慰奖"。这个"安慰奖"名副其实，因为比原先的岗位有了更多的自由阅读和静心思考时间，这真是我的人生之幸也。时任县政协主席许平，鼓励我把《渠县文史资料》主编的担子挑起来。就这样，我与文史工作又结下了不解之缘。如今我已在主编这个位置上干了十余年，仍然乐此不疲。按照"以家乡管窥国家，以国家透视家乡"的路子，开展了不舍晨昏的阅读生活，也有了较多的阅读感悟。

其时，好友何南观先生，现任《达州日报》社的党委书记、社长，是他鼓励我到报社去开专栏，《达州晚报》副刊部主编郝良也极力助推，我的作家梦在"禁锢"30多年后再次被点燃。于是，我怀着忐忐的心情，开设了"愚夫说史"专栏（周刊）。未料想，这个专栏因为史料精准化、表达通俗化、行文顺畅化，受到了读者欢迎，当年就被评为"省优专栏"。我先写了散篇、再写系列，居然在"专栏作家"这个虚名的鼓舞下，在亲人和朋友的支持下，坚持写了下来。读者朋友的不断点赞，让我的写作更有了激情，一口气就写了两年。

很多朋友都建议我把专栏文章集结成册，以便他们能连贯地阅读和欣赏。于是我先把《愚夫说史：说两汉品三国》整理出来后，奉献给我的亲人朋友和读者诸君，希望你们能够喜欢。由于学识和史识的局限，文中可能有一些不准确、不规范，甚至是错误的表述，也希望大家不吝赐教。

新作出版之际，我的眼前浮现出很多的身影，有我的父母、我的恩师、我的领导和同事、我的亲人和朋友，是他们无私的关爱激励着我，也成就了我。如果说我的作品有些许用处，那都是缘于这些爱的光芒。

我最羡慕的是作家们，能够"我以我手写我心"。读史有苦，说史有趣。我将无我，不问西东，唯有不负韶华不负卿。

2022 年 3 月 21 日于润芝书屋